Heinz Diehsel

Pralinen,
Tee-Konfekt,
Petits fours

Heinz Diehsel

Pralinen

Tee-Konfekt   Petits fours

BLV Verlagsgesellschaft
München Wien Zürich

CIP-Kurztitelaufnahme der Deutschen
Bibliothek

Diehsel, Heinz:
Pralinen, Tee-Konfekt, Petits fours /
Heinz Diehsel. – 2. Aufl. –
München; Wien; Zürich:
BLV Verlagsgesellschaft, 1987.
  ISBN 3-405-13429-3

Foto Seite 2
Marzipan-Blutorangengelee-Pralinen
und Marzipan-Kirsch-Nougat, Rezepte
Seite 52

Foto Seite 6, rechts
Schweizer Mandelsplitter, Vollmilch-
Mandelsplitter und Halbbitter-
Mandelsplitter, Rezepte Seite 33

Foto Seite 7, links
Schwarz-Weiß-Konfekt, Rezept Seite 86

Foto Seite 7, rechts
Deutsche Petits fours, Rezept Seite 109

Zweite Auflage

© 1987 BLV Verlagsgesellschaft mbH,
München
8000 München 40

Satz und Druck: Appl, Wemding
Bindung: Sellier, Freising

Printed in Germany
ISBN 3-405-13429-3

Bildquellen

Schwartauer Werke GmbH & Co.,
Bad Schwartau,
Seiten 95, 99
Alle anderen und Umschlagfotos
Studio Teubner, Füssen

Zeichnungen: Waltraud Berger

Folgenden Firmen gilt unser besonderer
Dank für ihre Unterstützung bei den Zuta-
ten und bei der technischen Herstellung
der Rezepte in der Versuchsküche des
Autors:
Schwartauer Werke GmbH & Co.,
Bad Schwartau
W. F. Kaiser & Co. GmbH, Nassau
Robert Krups Stiftung & Co. KG,
Solingen
Braun AG, Kronberg/Taunus

Zu den Rezepten

Verwendete Abkürzungen

TL	Teelöffel
EL	Eßlöffel
g	Gramm
cl	Zentiliter
TK	Tiefkühlkost

Zum Aufspritzen von Pralinenmassen,
Cremes oder Garnituren werden für den
Spritzbeutel Stern- und Lochtüllen benötigt. Es gibt sie in verschiedenen Größen,
die im Fachhandel mit Nummern dekla-
riert sind. In den Rezepten wird nur nach
kleinen, mittelgroßen und großen Tüllen
unterschieden. Hier die Zuordnung:

klein	bis Nr. 4
mittelgroß	Nr. 5 bis Nr. 7
groß	Nr. 8 und größer

 # Vorwort

Es ist ganz gewiß keine Zauberei, Pralinen, Tee-Konfekt und Petit fours, diese kleinen, köstlichen Bissen in ihrer geschmacklichen Vielfalt und ihren variationsreichen Aufmachungen selber herzustellen. Die dafür notwendigen Kenntnisse wird Ihnen mein Buch vermitteln. Ich bin sicher, auch Sie werden sehr bald entdecken, welche kreative Beschäftigung einen Teil Ihrer Freizeit mit Befriedigung und Vergnügen ausfüllen wird. Und welch nachhaltige und freudige Überraschung wird es geben, wenn Sie »Ihre« Köstlichkeiten verschenken.

Jedes Rezept soll jedem gelingen! Unter diesem Gesichtspunkt habe ich meine schönsten und besten Rezepte ausgewählt. Ich gebe zu, einige Rezepte sind von den Kosten wie von der Arbeit her aufwendig, ein wenig Luxus. Ich habe dabei an festliche Gelegenheiten gedacht. Aber auch diese Kreationen werden Ihnen gelingen und Augen wie Gaumen erfreuen.

Damit Sie unbefangen an die Realisierung aller Rezepte herangehen, empfehle ich Ihnen, sich eingehend mit den Kapiteln vertraut zu machen, die dem Rezeptteil vorangestellt sind. Den Anfang dazu macht ein geschichtlicher Überblick ohne den keiner in dieses herrliche Hobby der Confiserie einsteigen sollte. Anschließend erfahren Sie alles über die nötige Ausstattung Ihrer Küche mit Geräten, Formen und Hilfsmitteln. Ein sehr wichtiges Kapitel folgt mit den Hinweisen über die Zutaten, deren Behandlung, Verwendung und Verarbeitung. Das Spirituosen ABC beschreibt verschiedene Sorten sowie deren Verwendung innerhalb der drei Confiserie-Rezeptgruppen. Eine Übersicht der Fachausdrücke mit den entsprechenden Erläuterungen beschließt den Vorspann. Und der Bezugshinweis am Ende des Buches wird Ihnen beim Einkauf behilflich sein. Die Farbbilder vermitteln nicht nur erste Eindrücke über die Pralinen, das Tee-Konfekt und die Petits fours, welche Sie selber herstellen können. Sie sollen Ihnen auch helfen, eigene süße Kreationen in der richtigen Form und Größe zu schaffen. Den drei Rezeptteilen wird jeweils Grundsätzliches über die Herstellung vorangestellt und auf Besonderheiten hingewiesen, auf die geachtet werden muß.

Und so wünsche ich Ihnen Gewinn aus meinem Buch, viel Vergnügen und stets ein gutes Gelingen all dieser herrlichen Köstlichkeiten. Genießen Sie diese in Maßen, dann sind die süßen Bissen ein Genuß ohne Reue.

Heinz Diehsel

Inhalt

Geschichte

Eine Chronik berichtet uns aus dem 17.Jahrhundert von einem Dessert aus Fruchtcreme, mit Schokolade überzogen, die der Leibkoch des französischen Marschall du Plessis-Praslin diesem und seinen Gästen zum Mokka servierte. Diese Komposition begeisterte die Tafelrunde so sehr, daß sie sie in Anlehnung an den Namen des Marschalls »praliner« tauften. War es wirklich die Geburtsstunde der bei uns heute bekannten und so beliebten Praline, wie es die Chronik uns wissen läßt? Nun, ich glaube sagen zu dürfen, es waren die ersten Schritte, das Dessert sicher noch keine Pralinen. Es dürften zwei Faktoren jedoch stimmen: die Frucht oder die Früchte als Vorgängerinnen auch uns heute bekannter Füllungen und die Schokolade, welche zur damaligen Zeit eine flüssige Masse war, heute hingegen als fester Körper die Füllungen in den Pralinen umschließt. Und im 17.Jahrhundert war dieses Dessert eine epochemachende Erfindung, die wiederum nur möglich war, weil der Mensch inzwischen die Rohstoffe und Zutaten gefunden hatte, die für die Herstellung süßer Köstlichkeiten Voraussetzungen sind.

Seitdem Menschen auf Erden sind, gibt es Naschkätzchen und Naschkater. Mit den wildwachsenden süßen Früchten hat es begonnen. Die Entdeckung des Honigs wilder Bienen bescherte den Menschen in der Steinzeit das erste Süßungsmittel. Die Ägypter waren wahrscheinlich die ersten Menschen, die Bienen züchteten. Sie hielten sich bereits 2500 Jahre v.Chr. Bienenvölker in zylindrischen Bienenkörben. Ihnen folgten die Griechen und die Spanier. Der Honig war bis zur Neuzeit ein begehrtes, aber auch teures Süßungsmittel. Nur in Ostindien baute man etwa 300 Jahre n.Chr. bereits Rohrzucker an. Die Mengen waren jedoch sehr bescheiden, so daß der Honig weltweit seine dominierende Stellung als das einzige Süßungsmittel halten konnte.

Erst im 16.Jahrhundert folgten Einfuhren von Rohrzucker aus Amerika nach Spanien. Von hier aus wurde er in begrenzten Mengen in die anderen europäischen Länder gebracht. In Deutschland wurden die ersten Raffinerien Ende des 16.Jahrhunderts gegründet. Im Jahre 1747 entdeckte Markgraf den Zuckergehalt in Rüben. Die erste Zuckerrübenfabrik erbaute Achard in Cunern (Schlesien) im Jahre 1802. Trotzdem blieb der Honig das Süßungsmittel. Erst in der zweiten Hälfte des 19.Jahrhunderts verdrängte der Zucker den Honig von Platz eins, nachdem die Zuckerfabrikation einen größeren Umfang angenommen hatte. Waren Honig und Zucker bis in die erste Hälfte des 19.Jahrhunderts hinein nur ein Genußmittel für den wohlhabenden Teil der Bevölkerung – Verkäufer waren fast ausnahmslos die Apotheken –, wurde der Zucker nach und nach Nahrungsmittel für alle.

Der nächste Rohstoff, für die Herstellung von Pralinen, Tee-Konfekt sowie Petits fours unerläßlich, ist Marzipan. Erwähnt wird es erstmals in Schriften der »Treuen Brüder«, eines Geheimbundes in Persien im 10.Jahrhundert n.Chr.: Mandeln wurden in einem Mörser zerrieben und mit Honig gesüßt. Marzipan soll einer anderen Quelle zufolge bereits Jahrtausende vor dieser Zeit des Geheimbundes entweder aus Nüssen, Pistazien, Pinienkernen oder Mandeln jeweils mit Honig hergestellt worden sein. Die Kreuzritter brachten das Marzipan nach Europa. In Lübeck und in Königsberg wurde Marzipan erst Ende des 18.Jahrhunderts in größeren Mengen gefertigt.

Die wichtigste Zutat für unsere süßen Bissen ist aber die Schokolade, und auch sie hat ihre Geschichte. Bereits im 12.Jahrhundert wurde von den Ureinwohnern im heutigen Mexiko der Kakaobaum angebaut. Die Kakaobohnen wurden zerrieben und für Getränke verwendet, die mit Mais versetzt oder mit Vanille oder Pfeffer gewürzt und letztlich auch mit Honig gesüßt wurden. Die spanischen Eroberer hatten mit diesen, wie sie sagten, teuflischen Getränken nichts im Sinn. Sie brachten aber im Jahre 1520 die ersten Kakaobohnen in ihre Heimat. Mit den spanischen Eroberungszügen in Europa gelangten die Kakaobohnen zuerst nach Frankreich. Im 17.Jahrhundert kamen sie dann durch aus Spanien vertriebene Juden fast gleichzeitig nach Deutschland, Holland, in die Schweiz, nach Italien und England. Die ersten Fabriken entstanden 1657 in England, 1756 in Deutschland und 1776 in Frankreich. Anfang des 19.Jahrhunderts gewann dann in Europa die Herstellung von Kakao an Bedeutung, nachdem in Holland van Houten die Entölung des Kakaopulvers einführte. Der Verkauf erfolgte in Apotheken oder in sogenannten Schokoladenhäusern. Die erste mit Dampf betriebene Fabrik eröffnete 1828 die Firma I.F.Miethe in Potsdam. Fast zur gleichen Zeit wurde diese industrielle Fertigung auch in

der Schweiz und Frankreich eingeführt. Jetzt stand der Herstellung feinster und geschmackvoller Pralinen nichts mehr im Wege. Sicher gab es nicht sofort die Kompositionen, die wir heute kennen und lieben. Aber aus dem Anfang, der Mokkastunde bei Marschall du Plessis Praslin, waren in den über 200 Jahren Entwicklungen erfolgt, die den Grundstein legten, auf dem die nachfolgenden Generationen die heute bekannte Confiserie aufbauen konnten. Und die ist auch zu Hause machbar.

Die wichtigsten Geräte, Formen und Hilfsmittel
Foto Seite 10/11

Alublech
Größe 25 × 40 × 2,5 cm. Es muß ein stabiles Blech, am besten ein Ausstellblech sein. Eingesetzt wird es für Trüffelmassen und Gelee-Pralinen.

Alufolie
Für das Formen stabiler Ränder bei der Herstellung von Pralinen.

Ausstecher
Folgende Formen und Größen sind erforderlich:
▷ Runde, glatte Ausstecher, Durchmesser 3 cm und 4 oder 4,5 cm;
▷ Runde, gezackte Ausstecher, Durchmesser 3 cm.
▷ Ovale Ausstecher, Länge 3 cm.
▷ Viereckige Ausstecher, Größe 4 × 4 cm;
▷ Stern-Ausstecher, Größe 3 oder 4 cm;
▷ Herz-Ausstecher, Größe 4 cm;

Backbleche
3–4 Backbleche brauchen Sie zum Backen von Tee-Konfekt und von Biskuitkapseln für Petits fours sowie bei der Herstellung von Pralinen. Die Bleche Ihres Backofens können dafür ohne weiteres eingesetzt werden.

Backförmchen, kleine
Für die Herstellung von Schweizer-, Französischen- und Wiener Petits fours benötigt.

Backpapier
Zum Backen von Biskuitkapseln, Tee-Konfekt sowie zum Absetzen überzogener Pralinen. Zum Herstellen von Schokoladebödelchen, die bei der Pralinenherstellung verwendet werden.

Back- und Grillform mit Antihaftbeschichtung
Größe 36,5 cm. Diese Form wird zum Backen der Kapseln für deutsche Petits fours gebraucht. Sie können auch auf Backbleche ausweichen. Im Kapitel Petits fours wird darauf eingehend hingewiesen.

Back- und Grillform, satiniert
Größe 36,5 cm. Wird als Abtropfschale für das Überziehen von Pralinen, Tee-Konfekt und der Petits fours mit Kuvertüre oder Fondantglasuren eingesetzt. Diese Form sollte auf keinen Fall zum Backen verwendet werden. Bis zur Anschaffung der satinierten Form kann ein mit Backpapier abgedecktes Backblech helfen.

Edelstahlschüsseln
Davon sollten vorhanden sein:
▷ 4 Schüsseln mit 16 cm Durchmesser, evtl. noch 2 in Reserve. Diese Schüsseln werden gebraucht für Kuvertüren, davon haben wir mindestens zwei, nämlich Vollmilch- und Halbbitter-Kuvertüre. Dazu kommen je nach Rezeptur Kakaobutter oder ein Hartfett, manchmal noch weiße Kuvertüre. Für Fondantglasuren werden diese Schüsselgrößen ebenfalls notwendig.
▷ 2 Schüsseln mit 20–22 cm Durchmesser für die Zubereitung von Pralinenmassen oder Buttercremes.

Edelstahltöpfe
Davon werden mehrere gebraucht:
▷ 2 Töpfe mit 16 cm Durchmesser zum Temperieren von Kuvertüre und Fondantglasuren;
▷ 1 Topf mit einem Fassungsvermögen von 3–4 Litern zum Zuckerkochen und für die Herstellung von Trüffelmassen. Diese Größe ist vor allem beim Zuckerkochen wichtig, da der Zucker stark aufschäumt und dabei das 2–3fache Volumen entwickelt.

Entsafter
Für die Herstellung von Fruchtsäften für Geleefrüchte und Gelee-Einlagen bei der Pralinenherstellung. Der Entsafter sollte für 1½–2 Liter Saft ausgelegt sein und sich zur Bereitung von klaren wie auch trüben Säften eignen.

Kammhörnchen
Ein Teigschaber mit gezacktem Rand. Wird verwendet, um Kuvertüre vor dem Erstarren mit Mustern zu versehen.

9

Pralinen-Abtropfgitter
in Back- und Grillform,
satiniert als Abtropfschale

Entsafter
für trübe und
klare Säfte

Elektrisches
Handrührgerät

Teigknethaken

Elektronische
Küchenwaage

Kuvertüre-Thermometer

Küchenmaschine
mit Knethaken

Geräte,
Formen,
Hilfsmittel

Spritzbeutel
mit Spritztüllen

Schnapsglas,
auf 2 cl geeicht

Pralinengabeln,
rund und mit drei Zinken

Diverse
Petits fours-
Förmchen

Spatel

Teigrädchen,
glatt

Teigrädchen,
geriffelt

Kleine Pralinenförmchen
für Reliefpralinen

Zucker-Thermometer

Diverse
Ausstecher

Kochlöffel

Diese sollten immer aus sehr festem Holz, zum Beispiel Buchenholz, bestehen. Die Löffel dürfen kein Loch haben. Sollten Sie trotzem einen davon besitzen, dürfen Sie niemals damit Kuvertüre rühren. Die Kuvertüre würde dadurch schaumig und wäre zum Überziehen nicht mehr verwendbar. Von den Holzlöffeln kann man bei diesem schönen Hobby nicht genug haben. Eine Anzahl von 8–10 Stück wäre die unterste Grenze. Vor allem ist es wichtig, diese Löffel nur für den Confiseriebereich zu verwenden. Löffel, die zum Zubereiten von Speisen verwendet werden, dürfen zum Beispiel nicht zum Rühren von Kuvertüre genommen werden.

Kuchengitter, rechteckig

Dieses ist Zubehörteil ihres Backofens. Nur wenn jemand sehr viele Pralinen usw. auf einmal herstellen möchte, wäre es gut, ein weiters Gitter dieser Größe zu besitzen.

Küchenmaschine

Mit Knethaken, Reibscheiben und Schneebesen. Für Tee-Konfekt-Teige, Biskuitmassen, zum Mahlen von Nüssen und Mandeln.

Küchenwaage

Diese ist für jedes Rezept von großer Wichtigkeit. Da bei allen Rezepten Zutaten in kleinen Mengen erforderlich sind, wäre eine elektronische Küchenwaage empfehlenswert. Diese Waage wiegt 2 g wie auch 2 kg genau ab. Außerdem ist sie zum Zuwiegen geeignet, das heißt, mehrere Zutaten können nacheinander abgewogen werden, ohne daß Sie jedesmal das Abgewogene herausschütten müssen.

Kuvertüre-Thermometer

Es bringt eine wesentliche Sicherheit beim Temperieren von Kuvertüren und Fondantglasuren. Ausführliches darüber finden Sie im Abschnitt Kuvertüre (Seite 20).

Lineal

Zum Einteilen und Schneiden von Pralinen, Tee-Konfekt und Petits fours unbedingt erforderlich. Länge 50 cm.

Marmorplatte

Größe ca. 30 × 46 cm, unter dieser Flächengröße sollten Sie keine Marmorplatte anschaffen, Stärke der Platte 2–3 cm dick. Der Kühleffekt einer Marmorplatte bringt ihr eine sehr breite Einsatzmöglichkeit: Ausrollen von Tee-Konfekt und Marzipan, Tablieren von Kuvertüre beim Temperieren und für die Herstellung bestimmter Pralinensorten.

Meßbecher

Mit Skalen für das Abmessen von Flüssigkeiten. Skalen für feste Stoffe sind nicht erforderlich, da beim Abmessen, zum Beispiel von Mehl oder Speisestärke ungenaue Gewichte herauskommen, sie müssen gewogen werden.

Palette

Zum Aufstreichen von temperierter Kuvertüre, für die Herstellung von Kuvertürebödelchen, die für die Fertigung verschiedener Pralinensorten benötigt werden. Weiter wird sie zum Glattstreichen und Egalisieren der Biskuitmassen für Petits fours eingesetzt und für das Einstreichen der Konfitüren und Buttercremes.

Papierkapseln

Sie sind in verschiedenen Größen und Farben im Handel und werden zum Einsetzen von Pralinen, Tee-Konfekt und Petits fours verwendet.

Pergamentpapier

Für die Herstellung von kleinen Spritztüten, die zum Garnieren mit Kuvertüre, Fondant oder Spritzglasur gebraucht werden.

Pinsel

Davon werden mehrere gebraucht. Stets Haarpinsel verwenden. Breite der Pinsel: 1 cm, 2 cm und 4 cm.

Pralinenkapseln

Siehe Papierkapseln und Stanniolkapseln.

Pralinen-Abtropfgitter

Es wird beim Überziehen von Pralinen mit Kuvertüre oder Fondantglasur gebraucht. Stellen Sie es in die satinierte Back- oder Grillform, in der ablaufende Überzugsmassen aufgefangen werden.

Pralinengabeln

Davon werden als Mindestausstattung eine runde und eine mit drei Zinken benötigt. Besser ist es, wenn beide Ausführungen doppelt vorhanden sind.

Rollholz

Ein möglichst aus festem Buchenholz gefertiges Rollholz wird zum Ausrollen des Tee-Konfekts (Mürbeteig) benötigt, jedoch auch für Marzipan und Krokant.

Rührschüsseln

Aus Edelstahl oder Kunststoff. Größen zwischen 16 cm und 24 cm Durchmesser.

Schnapsgläser

Geeicht mit 2 cl. Zum Abmessen von Spirituosen.

Schneebesen

Zum Schlagen von festen Massen einen mit harten Drähten, für weiche Massen, zum Beispiel für Eiweiß, einen mit weichen Drähten.

Siebe

Jeweils eines für Mehl und Puderzucker brauchen Sie sowie ein Abtropfsieb von 18–20 cm Durchmesser für Früchte.

Spritzbeutel

Zum Aufdressieren von Pralinenmassen, für Stangen-Pralinen, zum Füllen von Tee-Konfekt, zum Füllen und Garnieren bestimmter Petits fours. Mehrere Spritzbeutel erleichtern das Arbeiten erheblich. Zu den Spritzbeuteln brauchen Sie
▷ Lochtüllen, klein, mittelgroß und groß,
▷ Sterntüllen, mittelgroß und groß.

Stanniolkapseln

Zum Ausgießen mit Kuvertüre bei der Fertigung von Pralinen, insbesondere für flüssig gefüllte Pralinen sowie für Pralinen mit Cremefüllungen.

Stanniolpapier

Zum Einschlagen von Pralinen. Sie sollten es in verschiedenen Stärken und Farben verfügbar haben.

Teigrädchen

Sie werden bei der Herstellung von Tee-Konfekt benötigt, zum Ausradeln des Teiges zum Beispiel brauchen Sie
▷ 1 mit glattem Rädchen,
▷ 1 mit geriefftem Rädchen.

Tortenmesser

Zum Schneiden der Biskuitkapseln. Schnittlänge 26–30 cm.

Zucker-Thermometer

Wird unbedingt zum Zuckerkochen benötigt (Seite 22).

Die wichtigsten Zutaten

Agar-Agar

Farbloses Geliermittel für Geleefrüchte. Wird in kaltem Wasser eingeweicht, entsprechend der Rezeptur mit Zucker und Glykosesirup aufgekocht und dann mit Fruchtsaft aufgefüllt. Agar-Agar kann durch Gelatine ersetzt werden.

Alkohol

Alkohole mit ausgeprägter Geschmacksrichtung werden in den Rezepturen verwendet, z.B. Kirschwasser, Cognac, Maraschino, um nur einige zu nennen. Werden Fruchtsirups eingesetzt, können diese durch Zugabe von Alkohol im Geschmack verbessert bzw. verstärkt werden.

Ananas

Als kandierte Ringe kaufen. Für den kleinen Haushalt lohnt das Selbstkandieren nicht. Die kandierten Ringe werden in Stücke aufgeschnitten und mit Kuvertüre überzogen. Ananassaft wird für Gelee-Einlagen in Pralinen verwendet.

Angelika (Engelwurz)

Ist kandiert zu kaufen und wird gern für die ausgefalleneren Garnierungen von Pralinen, Tee-Konfekt und Petits fours verwendet.

Belegfrüchte

Für Petits fours und Königsberger Marzipan, die man mit verschiedenfarbigen, zugeschnittenen Belegfrüchten sehr dekorativ garnieren kann. Es sind kandierte grüne Pflaumen, unreife Stachelbeeren, Birnen, Kirschen, Aprikosen, Pfirsiche, Ananas, Melonen, Ingwer, Angelika, Bohnenkerne sowie Zitronat und Orangeat im Handel zu haben.

Blätterteig

Kauft man am besten tiefgefroren. Er wird in 300 g-Packungen mit je 5 Teigplatten angeboten, die nach Rezept oder Packungsanweisung aufgetaut bzw. weiterverwendet werden. Blätterteig wird für die Herstellung von Tee- und Käse-Konfekt gebraucht.

Citro-back

Siehe Zitronenschalen.

Fondant

Ist eine der wichtigsten Zutaten. Ihr Konditor oder Bäcker wird Ihnen diesen ganz gewiß gerne verkaufen. Fondant selbst im Fachhandel zu erwerben, ist nicht empfehlenswert, da er in 15 kg-Eimern verkauft wird. Diese Menge ist für den privaten Bedarf zu groß. Fondant selbst kochen: siehe Seite 24.

Fruchtsäfte

Nur naturreine Säfte verwenden mit 100%gem Fruchtanteil. Wenn möglich selbst herstellen, dann erlebt man keine Überraschungen.

Fruchtsirups

Werden in Verbindung mit anderen Zutaten als Füllungen für Pralinen, Tee-Konfekt und Petits fours gebraucht.

Glykosesirup

Glykosesirup wird für das Zuckerkochen benötigt, für Krokant und Weichkrokant sowie als Frischhaltemittel für Marzipan.

Gummiarabikum

Emulgator für Gelee-Einlagen und zum Abglänzen von Krokant.

Haselnüsse

Sollen als ganze, gehackte, gehobelte und gemahlene Nüsse für Pralinen, Tee-Konfekt und Petits fours in Ihrem Vorrat sein.

Hirschhornsalz

Triebmittel für Honigkuchen-Konfekt.

Ingwer, kandiert

Ist gehackt im Handel zu bekommen und eignet sich hervorragend für Ingwer-Pralinen, außerdem für Füllungen in Petits fours.

Kakaobutter

Wird für die Fertigung von Pralinen mit flüssigen Füllungen gebraucht sowie zum Bestreichen der Marzipanscheiben bei Petits fours. Sie ist in Apotheken zu bekommen.

Kakaopulver

Es gibt stark und schwach entöltes Kakaopulver. Beide Sorten werden für die Pralinen- und Tee-Konfekt-Fertigung gebraucht.

Karion-F flüssig

Eine Sorbitlösung, die eingesetzt wird, um Füllungen in Pralinen über längere Zeit, das heißt über 14 Tage hinaus, frisch zu halten. Vor allem Sahne-Butter-Füllungen wird es zugegeben, um ein Ranzigwerden zu vermeiden.

Kokosfett

Für die Herstellung von Trüffelmassen wichtige Zutat. Auch Ersatz für Kakaobutter, falls diese mal nicht greifbar ist.

Kuchenglasur

Kuchenglasur eignet sich zum Überziehen von Tee-Konfekt und – je nach Geschmacksrichtung – für Petits fours. Sie braucht nur erhitzt zu werden und ist dann sofort überzugsbereit. Reste kann man immer wieder auflösen und verwenden. Es gibt die helle Haselnußglasur, die weiße Zitronenglasur und die dunkle kakaohaltige Fettglasur. Für Pralinen sind diese Glasuren nur bedingt einzusetzen. Hierfür sollte, wenn nur irgend möglich, Kuvertüre verwendet werden.

Kuvertüre

Sie ist die meistgebräuchliche Überzugsmasse und gleichzeitig Geschmacksträger. In den Rezepten dieses Buches werden keine Tafelschokoladen verwendet, sondern ausschließlich Kuvertüren. Kuvertüre unterscheidet sich von Schokolade vor allem durch einen höheren Zusatz von Kakaobutter, sie hat dadurch eine bessere Fließfähigkeit. Schokoladen haben außerdem ihren Eigengeschmack und können damit überzogene Pralinenkörper negativ beeinflussen, das heißt, die gewollte geschmackliche Note ungünstig verändern.
Kuvertüre soll stets kühl aufbewahrt werden, sie wird bei warmen Temperaturen weich und könnte dabei verlaufen und auch ihr Aroma verlieren. Kuvertüre kann sehr schnell ranzig werden und muß deshalb luftdicht verpackt sein. Durch Luftzutritt können Oxidationen auftre-

ten. Luftdichte Verpackungen schützen gleichzeitig vor Feuchtigkeit. Ist die Kuvertüre bereits zerkleinert, darf sie auf keinen Fall lange offen stehen. Der Aufbewahrungsort muß trocken sein. Die Luftfeuchtigkeit löst einen Teil des in der Kuvertüre enthaltenen Zuckers auf. Es kommt zu Reifbildung. Die Kuvertüre reagiert um so empfindlicher, je besser ihre Qualität ist.
In den Rezepten dieses Buches werden Schwartauer Kuvertüren verarbeitet. Sie sind von bester Qualität und in haushaltsgerechten Mengen, luftdicht und gegen Feuchtigkeit geschützt, verpackt.

Mandeln

Werden für Pralinen als Bestandteil von Füllungen sowie zur Garnierung benötigt. Zur Herstellung von Krokant und Mandelsplittern sind sie erforderlich, ebenso für Mandelmürbeteige und Füllungen einiger Petits-fours-Sorten. Gebraucht werden je nach Rezeptur ganze, gehobelte, gestiftelte und gehackte Mandeln.

Mandelbissen und Erdnußbissen, Rezepte Seite 33

Marzipanrohmasse

Ebenfalls eine der wichtigen Zutaten für Pralinen, Tee-Konfekt sowie Petits fours. Eine eigene Herstellung ist nicht zweckmäßig, da dafür die notwendigen technischen Voraussetzungen fehlen. Das oft vorgeschlagene zweimalige Mahlen von Mandeln und das anschließende Verarbeiten mit Zucker ergibt keine Marzipanrohmasse, sie ähnelt ihr höchstens. Außerdem ist die Haltbarkeit mehr als begrenzt. Eine Marzipanrohmasse muß »gar kochen«, das heißt, sie muß geröstet werden. Hierbei kommt es auf die richtige hitzemechanische Behandlung der quellfähigen Bestandteile an. Kaufen Sie also Ihre Marzipanrohmasse, die Rezepte diese Buches sind alle darauf abgestellt. So erhalten Sie beste Pralinen, geschmacklich erstklassige Füllungen für Tee-Konfekt und Petits fours. Auch die Haltbarkeit bringt Ihnen keine Probleme.

Nelken

Gemahlen werden Nelken zur Geschmacksgebung auch bei Pralinen eingesetzt.

Nougat

Als fertige Masse im Handel. Findet in sehr vielen Füllungen, meistens in Verbindung mit anderen Zutaten Verwendung.

Orangeat

Wird im ganzen Confiserie-Bereich verwendet als Bestandteil von Füllungen sowie zum Garnieren. Fertigprodukt.

Orange-back

Siehe Orangenschalen.

Orangen

Sie werden ausgepreßt für trübe und klare Fruchtsäfte, die zu Gelee-Einlagen und Gelee-Pralinen weiterverarbeitet werden. Blutorangen eignen sich dafür am besten. Die Geschmacksnote bleibt nach der Verarbeitung stärker ausgeprägt.

Orangenschalen

Nur von unbehandelten Früchten verwenden. Da diese oft nicht zu haben sind, empfehle ich Orange-back (Fertigprodukt) in den Rezepten.

Paprikapulver

Wird zum Würzen von Käse-Konfekt verwendet. Rosenpaprika gebe ich den Vorrang. Jedoch ist der persönliche Geschmack ausschlaggebend.

Pralinenkapseln

Gibt es in Stanniol und Papier fertig im Handel. Die festen Stanniolkapseln sind vor allem für Pralinen mit flüssigen Füllungen vorgesehen. Die Papierkapseln gibt es inzwischen in vielen Farben.

Rosenwasser

Zum Aromatisieren von Marzipan wichtige Zutat. Wird beim Anwirken zugegeben, es genügen wenige Tropfen. In Apotheken zu bekommen.

Rum-Aroma

Ein Premium-Aroma mit Original Jamaica-Rum, in Beutelchen aromafrisch versiegelt. Es eignet sich anstelle von Original-Rum oder zur Geschmacksverstärkung.

Rum-back

Fertigprodukt, das die gleichen Voraussetzungen erfüllt wie das bisherige Rum-Aroma.

Rum-Rosinen

Fertigprodukt, das für Pralinenfüllungen, Schokolade sowie als Einlage für Petits fours benötigt wird.

Safran

Zutat für Käse-Konfekt. Safran hat einen starken, aromatischen Geruch und einen bitteren Geschmack. Deshalb sparsam verwenden.

Sahne

Findet für die Herstellung von Pralinenmassen Verwendung. Dafür stets sehr frische Sahne nehmen, da sonst unter Umständen die Haltbarkeitsdauer der fertigen Pralinen stark herabgesetzt wird.

Vanille

Für die süßen Bissen ist die echte Vanille (Bourbon) eigentlich erstes Gebot. Es gibt sie als Schoten im Handel. In Bioläden und Reformhäusern gibt es auch gemahlenes Vanillepulver, hergestellt aus echten Vanilleschoten.

Vanillezucker

kann man selbst herstellen: 2 Vanilleschoten aufschneiden, das Mark auskratzen und mit 250 g feinstem Zucker gut mischen. In einem fest verschließbaren Glas aufbewahren. Die schwarzen Punkte des Vanillemarks brauchen Sie nicht zu stören. In Füllungen, Cremes oder in Mürbeteigen stören sie nicht. Die ausgekratzte Schote stecken Sie in den Zucker hinein. Sie gibt noch etwa 14 Tage Aroma an den Zucker ab. Nach dieser Zeit jedoch herausnehmen. 1 Teelöffel dieses hergestellten Vanillezuckers entspricht 1 Päckchen käuflichen Vanillinzucker (Vanillinzucker für die Herstellung von Pralinen nach Möglichkeit nicht ver-

wenden). Das Glas nach der Entnahme von Vanillezucker immer wieder fest verschließen.

Vanille-Aroma

In flüssiger Form, in Portionsbeuteln aromafrisch versiegelt, im Handel zu haben. Es ist ein Premium-Aroma mit dem Duft und dem Geschmack der Bourbon-Vanille. Es eignet sich besonders gut für die Aromatisierung von Pralinen-Füllungen.

Zitronat

Fertigprodukt. Wird für die Herstellung von Pralinen-, sowie Petits-fours-Füllungen gebraucht.

Zitronenschalen

Nur von unbehandelten Früchten verwenden. Da diese oft schwer oder gar nicht zu erhalten sind, empfehle ich in den Rezepten Citroback. Da sind Sie sicher, daß keine fremden Stoffe enthalten sind.

Zucker

Für die Rezepte in diesem Buch werden verschiedene Zuckersorten gebraucht:
▷ Feinster Zucker für Trüffelmassen, Mürbeteig und Biskuit sowie beim Zuckerkochen;
▷ Gelierzucker für Gelee-Pralinen und Gelee-Einlagen;
▷ Puderzucker für Marzipan, Krokant;
▷ grober Zucker für Gelee-Pralinen, Trüffel-Pralinen;
▷ Hagelzucker zum Bestreuen von Tee-Konfekt;
▷ farbige Zucker für Garnierungen.

Zuckerblümchen

In den Farben Weiß, Gelb, Rosé, Rot im Handel zur Verwendung als Dekor für Pralinen und Petits fours.

Zuckerschrift

In den Farben Rot, Grün, Braun, Gelb im Handel. Sie befindet sich jeweils in Tuben, mit denen man sauber und problemlos Pralinen, Tee-Konfekt und Petits fours garnieren kann.

Spirituosen-ABC

Die Unterschiede der Spirituosen sind hinsichtlich ihres Aromaerhalts nach der Verarbeitung mit anderen Zutaten sehr groß. Damit Sie in der eigenen Confiserie erfolgreich sind, komme ich nicht umhin, hier zum Teil bestimmte Hersteller bzw. Marken zu empfehlen.

Alkohol, reiner

Zur Geschmacksverstärkung und -abrundung bei Pralinenfüllungen. 95–97 Vol.-%.

Amaretto di Saronne Originale

Ein Mandellikör, angereichert mit über 20 verschiedenen Kräutern. Er hat einen unverwechselbar frischen und angenehmen Geschmack, wenig Süße. Zum Aromatisieren von Trüffelmassen, Cremes für Tee-Konfekt- und Petits-fours-Füllungen. Alkoholgehalt: 28 Vol.-%.

Ananaslikör

Findet in der Pralinenherstellung Verwendung. Alkoholgehalt: 25–35 Vol.-%.

Apricot Brandy

Ein Likör mit ausgeprägtem Aprikosengeschmack. Er wird verwendet für Pralinenfüllungen, zum Aromatisieren von Buttercremes für Petits fours und für Füllmassen für Tee-

Konfekt. Zur Geschmacksverstärkung kann Arrak zugegeben werden. Beim Abschmecken etwas Vorsicht, um dabei den eigentlichen Geschmack nicht zu verfälschen. Alkoholgehalt: 30 Vol.-%.

Armagnac

Ein feiner französischer Branntwein mit einem milden, eigenen Geschmack. Er wird für Pralinenfüllungen als eigene Komposition eingesetzt oder in Verbindung mit Früchten oder Marzipan und Nougat. Er eignet sich ebenfalls für Petits fours und für Trüffelmassen, die in Tee-Konfekt eingestrichen werden. Alkoholgehalt: 40 Vol.-%.
Pruneaux à la Armagnac sind die berühmten Pflaumen von den Nordausläufern der Pyrenäen, in Armagnac eingelegt. Mit dieser einmaligen Köstlichkeit kann man ein Tee-Konfekt aus Blätterteig herstellen. Da sich das Pflaumenaroma mit dem feurig herben Aroma des Armagnac verbunden hat, ergibt es köstliche Leckerbissen. Ich möchte Ihnen die anderen Früchte in Armagnac nicht vorenthalten, da man damit eine herrliche Tee-Konfektmischung herstellen kann. Es sind: Clémentines (Clementinen), Framboises (Himbeeren) und Griottes (Weichselkirschen) à la Armagnac.

Arrak

Ein Edelbranntwein mit einer besonders ausgeprägten Geschmacksnote. Er wird zum Aromatisieren von Fondantglasuren verwendet, die zum Überziehen von Petits fours, aber auch von Tee-Konfekt eingesetzt werden. Weiter eignet er sich zur Geschmacksgebung und -abrundung von Pralinenfüllungen. Alkoholgehalt: 38 Vol.-%.

Cassislikör

Ein ausgeprägter, herber Likör, aus dem Saft schwarzer Johannisbeeren. Er wird verwendet für Pralinenfüllungen, zum Aromatisieren von Cremes zum Einstreichen in Petits fours.
Alkoholgehalt: 25 Vol.-%.

Cherry Brandy

Ein Kirschlikör, aus Kirschsaft, Kirschwasser, Sirup und Zucker hergestellt. Der Geschmack wird ausschließlich vom Kirschsaft und dem Kirschwasser bestimmt. Es sind keine Zusätze von Farbstoffen, Essenzen oder Riechstoffen beigefügt, die einen höheren Fruchtgehalt vortäuschen. Cherry Brandy eignet sich vorzüglich bei der Herstellung von Pralinenfüllungen, wobei er auch als Namensgeber infrage kommt.
Alkoholgehalt: mind. 30 Vol.-%.

Creme de Cassis de Dijon

Wird wie Cassilikör verwendet.
Alkoholgehalt: 20 Vol.-%

Cognac

Der berühmte französische Weinbrand aus dem Department Charanté. Ein Weinbrand, der durch eine mindestens fünfjährige Lagerung seinen eigenen Geruch und Geschmack erhält und dadurch bei der Herstellung guter Pralinen seinen ihm gebührenden Platz einnimmt.
Alkoholgehalt: 40 Vol.-%.

Cointreau

Gehört zu den erlesenen Likören, die bei der Pralinenherstellung die ersten Plätze einnehmen. Cointreau ist eine delikate Komposition aus Orangen und den aromatischen Früchten des Anjou. Sie sollten für Ihre Pralinen stets den in Frankreich hergestellten Cointreau nehmen. Dieser hat garantiert einen Alkoholgehalt von 40 Vol.-%. Cointreau, der von ausländischen Niederlassungen hergestellt und angeboten wird, weist starke Schwankungen im Alkoholgehalt auf. Der Alkoholgehalt wirkt sich aber immer auf den Geschmack aus.

Eierlikör

Verpoorten Advocaat ist der Eierlikör, der sich ohne Einschränkung für den Confiserie-Bereich vorzüglich eignet. Die Frische und der mit fein abgestimmten Gewürzen erreichte angenehme Geschmack wird von keinem anderen Eierlikör erreicht. Verpoorten Advocaat gibt es noch in weiteren Geschmacksrichtungen: mit Haselnuß, mit Original Schwarzwälder Kirschwasser, außerdem gibt es Rumfrüchte sowie Weinbrandkirschen in Advocaat. Alle fünf Erzeugnisse eignen sich hervorragend für die Herstellung erstklassiger Pralinen, aber auch für Buttercremes und zum Abschmekken von Fondantglasuren.
Alkoholgehalt: mind. 14 Vol.-%.

Fruchtsaftliköre

Enthalten mindestens 20% reinen Fruchtsaft. Es sind weitere Fruchtzusätze sowie natürliche Aromastoffe erlaubt. Diese stets unverfälschten Liköre sind deshalb als erstklassige Zutaten nicht wegzudenken. Mit Ausnahme des Ananasfruchtsaftlikörs dürfen keine Farbstoffe verwendet werden. Ananas-Fruchtsaftlikör wird mit Zuckerkulör leicht gefärbt, er ist trotz dieses Zusatzes nicht verfälscht. Die Fruchtsaftliköre tragen immer die entsprechenden Fruchtnamen. Zu diesen Likören gehören auch Kirsch mit Rum und der Spitzenreiter Edelkirsch, der aus der Dalmatischen Maraskakirsche hergestellt wird. So stehen mit der breiten Palette von Fruchtsaftlikören erstklassige Geschmackszutaten zur Verfügung.
Alkoholgehalt: 25–30 Vol.-%.

Grand Marnier

Einer der großen französischen Liköre, dem wir bei der Herstellung unserer Pralinen ebenfalls unsere Aufmerksamkeit schenken sollten. Das feine Bukett entsteht durch das Destillieren der in Cognac ausgezogenen Curaçao-Orangen und eines darauffolgenden geheimen Mischverfahrens.
Alkoholgehalt: 40 Vol.-%.

Kirschwasser

Zur Zeit Napoleons brannte Sixtus Baltasar Schladerer im oberrheinischen Bamlach unter sehr primitiven Umständen seinen Kirsch, ohne zu wissen, daß sein Erzeugnis heute zu einem Spitzenwasser aufgestiegen ist (Echtes Schwarzwälder Kirschwasser), welches ich ohne jede Einschränkung empfehlen kann. Ebenso sollten Sie in Ihrem Spirituosen-Vorrat den Himbeergeist von Waldhimbeeren und den Schwarzwälder Mirabell haben.
Alkoholgehalt dieser drei Wässerli: 42 Vol.-%.
Darüber hinaus gibt es die in Geist eingelegten Früchte, nämlich Brombeeren in Brombeergeist, Kirschen in Schwarzwälder Kirschwasser und Himbeeren in Himbeergeist.
Alkoholgehalt 16 Vol.-%.
Die Wässerli eignen sich für den ganzen Confiserie Bereich. Die Früchte, jeweils ganz in den Wässerli eingelegt, eignen sich abgetropft als Einlagen in Pralinen.

Likörweine

Portwein, Tokaier, Sherry, Samos, Marsala, Malaga, um die wichtigsten zu nennen, zeichnen sich durch einen sehr fein ausgeprägten Eigengeschmack und, was sehr wichtig ist, große Vollmundigkeit aus. Sie eignen sich gut zum Aromatisieren der Pralinenfüllungen, Trüffelmassen und Buttercremes.
Alkoholgehalt: 15–22 Vol.-%.

Maraschino

Ein aromatischer Likör, der unter Mitverwendung des aus Marasca-Sauerkirschen gewonnenen Kirsch-branntweins hergestellt wird. Er ist für Pralinenfüllungen geeignet.
Alkoholgehalt: 30–35 Vol.-%.

Mozart-Liqueur

Ein Nougat-Schokolade-Cremelikör, aus der Mozart-Stadt Salzburg. Feines, sahnig-samtiges Aroma, unter Verwendung von feiner Nougat-Schokolade, aromatischem Kirschwasser und weiteren, ausschließlich natürlichen Zutaten hergestellt. Mit diesem Likör gefertigte Pralinen erhalten einen ganz besonderen Charakter.
Alkoholgehalt: 20 Vol.-%.

Rum

Ein aromatischer Edelbranntwein, aus Zuckerrohr, Zuckerrohrmelasse gewonnen. Er wird außer bei weißem Rum mit Zuckerkulör in der Farbe verstärkt. Geschmacksgeber für Füllungen von Tee-Konfekt, Pralinen und Petits fours und auch für Rumtrauben-Schokolade.
Alkoholgehalt: 40–54 Vol.-%.
Nehmen Sie für die Rezepte in diesem Buch Rum mit einem Alkoholgehalt von 54 Vol.-%.

Marzipan-Rumkugeln und Mokkamarzipan, Rezepte Seite 44, 45

Whisky

Ein Branntwein von goldgelber Farbe, mit dem charakteristisch leicht rauchigen Geschmack, hergestellt aus Destillaten verzuckerter und vergorener Getreidemaischen. Er kann für Whisky-Pralinen verwendet werden oder zusammen mit anderen Zutaten, zum Beispiel mit Nougat, Marzipan oder Früchten. Alkoholgehalt: mind. 43 Vol.-%.

Williams-Birnen-Branntwein

Eine Spirituose von besonderer geschmacklicher Qualität. Das typische Aroma der Williams-Christ-Birnen bleibt während der Gärung und Destillation weitgehend erhalten. Zu verwenden für Pralinen als eigene Füllung oder auch im Zusammenhang mit anderen Zutaten. Alkoholgehalt: 38 Vol.-%.

Zitrusliköre

können für die Herstellung von Pralinen, Petits fours und in beschränktem Umfang auch für Tee-Konfekt eingesetzt werden, in den meisten Fällen zusammen mit anderen Zutaten, z.B. mit Marzipan oder Fondant. Zu dieser Gruppe von Likören gehören die Fruchtaroma-Liköre. Diese haben nur natürliche Bestandteile. Folgende Sorten sind interessant: Apfelsinenlikör, Bergamottelikör, Blutorangenlikör, Curaçaolikör, Mandarinenlikör, Orangenlikör, Pampelmusen- sowie Zitronenlikör. Alkoholgehalt: 30 Vol.-%.

Die im ABC genannten Spirituosen eignen sich auch für die Aromatisierung von Fondantglasuren, die zum Überziehen von Petits fours verwendet werden. Es ist jedoch immer darauf zu achten, daß die Glasuren mit den Füllungen harmonieren.

Vom Umgang mit Kuvertüre

Kuvertüre ist bei kühlen Temperaturen fest. Erst durch Erwärmen wird sie weich und flüssig, sie wird fließfähig und kann zum Überziehen, zum Streichen oder Spritzen verwendet werden. Sobald Kuvertüre abkühlt, erstarrt sie zu einer festen, spröden Masse. Das bewirkt das Schmelzen und Wiedererstarren der Kakaobutter. Kakaobutter ist besonders empfindlich, da sie nur eine begrenzte Emulgierfähigkeit besitzt. Die flüssige Kakaobutter ist nicht in der Lage, die übrigen Kakaobestandteile einschließlich der Zuckeranteile in der Schwebe zu halten. So setzen sich die Nichtfette nach unten ab, wobei sich die Kuvertüre entmischt. Sie verliert ihr glattes, homogenes Gefüge und wird dann beim Umrühren streifig. Aus diesen Gründen darf die Kuvertüre nicht nur erwärmt und wieder abgekühlt, sondern sie muß richtig temperiert werden. Nur dann ist sie von glatter, homogener Beschaffenheit und erhält nach dem Überzug ihren matten Glanz.

Temperieren der Kuvertüre

Wenn Sie diese Hinweise genau beachten, werden Sie keine Probleme bei der Verarbeitung der Kuvertüre erwarten. Für das Überziehen von Pralinen nehmen Sie immer ca. 600 g Kuvertüre. Es bleibt wohl eine gewisse Menge übrig, aber mit weniger läßt sich nicht arbeiten. Den verbleibenden Rest können Sie später noch verarbeiten. Es gibt keine Verluste, im Gegenteil: Je öfter die Kuvertüre erkaltet und wieder temperiert wird, desto besser glänzt sie.

Wichtig: Kuvertüre, die beim Überziehen von Tee-Konfekt übriggeblieben ist, sollten Sie prüfen, inwieweit Mürbeteig- oder Biskuitkrümel darin enthalten sind. Dann die Kuvertüre fließfähig erwärmen und durch ein Sieb gießen, damit die Verunreinigungen entfernt werden. Danach bestehen keine Bedenken mehr, diese Kuvertüre selbst beim Überziehen von Pralinen zu nehmen.

1. Arbeitsschritt

Einen Edelstahltopf von 16 cm Durchmesser etwa zu einem Drittel mit Wasser füllen und das Wasser erhitzen. Es darf nicht kochen! Jetzt haben Sie das Wasserbad. Solange die Schüssel mit der Kuvertüre nicht eingesetzt ist, einen Deckel auflegen. Das erhitzte Wasser auf kleiner Flamme auf dem Herd stehen lassen.

2. Arbeitsschritt

Eine Edelstahlschüssel von 16 cm Durchmesser bereitstellen. Die Kuvertüre mit einem Messer in kleine Stücke schneiden und zwei Drittel davon in die Schüssel füllen. Die Schüssel in das Wasserbad einsetzen. Darauf achten, daß sie nicht im Wasser steht. Abstand zwischen Wasseroberfläche und Schüsselboden 2–3 cm. Auch jetzt darf das Wasser keinesfalls zum Kochen kommen. Mit einem Holzlöffel öfter langsam umrühren. Die Kuvertüre ganz allmählich auflösen. Dabei darf sie niemals schaumig gerührt werden, sonst wird sie für das Überziehen unbrauchbar. Für das Umrühren in keinem Fall einen Holzlöffel mit einem Loch nehmen, da dann beim Rühren die Kuvertüre zwangsläufig schaumig wird.

3. Arbeitsschritt

Die Kuvertüre nach oben temperieren:
▷ Vollmilch-Kuvertüre auf 40–45 °C erwärmen.
Achtung: Vollmilch-Kuvertüre darf nicht über 50/55 °C erwärmt werden. Die Milcheiweiße würden gerinnen und als kleine Klümpchen die Kuvertüre durchsetzen. Sie würde unansehnlich und ihren zarten Schmelz verlieren.
▷ Halbbitter-Kuvertüre auf 45 bis 50 °C erwärmen.
Auf das Gefühl, die jeweils richtige Temperatur zu haben, sollten Sie sich nicht verlassen. Kontrollieren Sie alle Temperaturen mit dem Kuvertüre-Thermometer. Auf dem Thermometer sind die 45 °C fett aufgedruckt und so leicht abzulesen.
Sobald die Kuvertüre die vorgeschriebene Temperatur erreicht hat, sofort vom Wasserbad herunternehmen. Dabei darauf achten, daß kein Wassertropfen in die Kuvertüre hinein kommt. Wenn das geschieht, wird die Kuvertüre sofort unbrauchbar! Am besten stellen Sie die Schüssel auf ein Handtuch, welches die an der Schüssel haftende Feuchtigkeit aufnimmt.

4. Arbeitsschritt

Nun die restliche kleingeschnittene Kuvertüre in die Schüssel geben und vorsichtig umrühren, damit sich die aufgelöste Kuvertüre mit der zugeschütteten verbindet. Auch hier wieder darauf achten, daß die Kuvertüre nicht schaumig gerührt wird. Dieser jetzt eingeleitete Vorgang temperiert die Kuvertüre zurück.

Letzter Arbeitsschritt

Sobald die Kuvertüre anfängt zu stocken, das heißt fest zu werden, wird die Schüssel wieder auf das Wasserbad gesetzt und die Kuvertüre von unten her hochtemperiert. Dabei vorsichtig umrühren.
▷ Vollmilch-Kuvertüre auf 29 bis 31 °C,
▷ Halbbitter-Kuvertüre auf 31 bis 33 °C
temperieren.

Sollte es Ihnen passieren, daß, aus welchen Gründen auch immer, die Kuvertüre über die angegebenen Temperaturen hinaus erwärmt wird, müssen Sie die Kuvertüre wieder zurücktemperieren, das heißt, die Kuvertüre muß erkalten, bis sie ihren Erstarrungspunkt erreicht hat. Dann nochmals wieder hochtemperieren bis zur vorgegebenen Temperatur. Während des Überziehens die Temperatur beobachten und eventuell die Schüssel wieder auf das Wasserbad setzen.
Weiße Schokolade wird genauso temperiert wie Vollmilch-Kuvertüre.

Das Überziehen mit Kuvertüre

Pralinen, Tee-Konfekt wie auch Petits fours müssen für das Überziehen vortemperiert werden. Sind sie zu kalt, platzt der Kuvertüre-Überzug ab. Die zu überziehenden Teile sollten Raumtemperatur von 20–22 °C haben. Diese Temperatur sollte auch der Raum aufweisen, in dem das Überziehen erfolgt.
Bevor mit dem Überziehen begonnen wird, eine Probe machen. Am besten eignet sich dazu ein Teigschaber. Davon eine Ecke überziehen und fest werden lassen. Ist die Kuvertüre schnell angezogen, also fest geworden, und hat sie einen matten Glanz, ist sie richtig temperiert und Sie können mit dem Überziehen beginnen.

Pralinengabeln

Zum Überziehen, Tunken, Abheben und Dekorieren werden Pralinengabeln benötigt. Es gibt sie als Metallgabeln mit zwei und drei sowie mit rund gebogenen Zinken.
Die verhauteten Pralinenkörper werden in die temperierte Kuvertüre gegeben und ganz untergetaucht, dazu mit der Pralinengabel nachhelfen. Anschließend werden sie mit der Pralinengabel wieder herausgehoben. Durch kurzes Auf- und Abbewegen der Gabel unmittelbar über der Kuvertüreoberfläche muß die überflüssige Kuvertüre ablaufen. Dann die Gabelzinken am Schüsselrand abstreichen, damit die noch anhängende Kuvertüre am Pralinenboden (»Fuß«) abgestreift wird. Die Pralinen anschließend mit etwas Abstand auf das Pralinengitter absetzen.
Für das Überziehen kugelförmiger Pralinen die runde Pralinengabel verwenden. Hierbei ist es ratsam, beim Absetzen der überzogenen Pralinenkörper in die andere Hand eine Pralinengabel mit zwei Zinken zu nehmen, damit die Pralinen nicht fortrollen.
Zum Dekorieren der Pralinen, zum Beispiel mit Strichen, Gitter oder Spiralen, die Zinken der Pralinengabel auf die frisch überzogene Praline auflegen und mit einer kurzen Gegenbewegung nach oben abziehen, damit es keine Nasen gibt. Um ein Gittermuster zu bekommen, die Zinken der Gabel sofort nochmals quer zu den ersten Strichen auflegen und mit einer kurzen Gegenbewegung nach oben abziehen. Für eine Spirale die runde Pralinengabel auflegen und ebenfalls nach oben abziehen. Ein wenig Übung gehört dazu, deshalb nicht gleich aufgeben.

Überzogene Pralinen werden auf dem Pralinengitter abgesetzt. Zum Überziehen, Tunken, Abheben und Dekorieren wird die runde oder mehrzinkige Pralinengabel gebraucht.

Vom Zuckerkochen

Die Zuckergrade
Bevor mit dem Zuckerkochen begonnen wird, ist es notwendig, die Zuckergrade zu kennen. Zur Feststellung der verschiedenen Zuckergrade wird das Zucker-Thermometer benötigt. Die Handproben können Ungeübten sehr schmerzhafte Verletzungen zufügen.

Zucker-Thermometer
Sofern Sie Zucker kochen wollen, darf ich Ihnen die Anschaffung eines Zucker-Thermometers empfehlen. Das ist eine sichere Kontrolle. Zucker-Thermometer gibt es mit Gradeinteilungen nach Celsius und nach Reaumur, aber auch mit beiden Gradeinteilungen auf einem Thermometer. Ich habe bei den Zuckerkochstufen beide Gradeinteilungen angegeben. In den Rezepten werden ebenfalls stets beide angegeben. Versuchen Sie ein Zucker-Thermometer mit Celsius-Gradeinteilun-gen zu kaufen. In deutschen Rezepten werden Celsiusgrade angegeben. Das Zucker-Thermometer hat einen Drahtkorb, an dem eine Kordel befestigt ist, an der es in die Zuckermasse hineingehängt werden kann. In kleine Töpfe stellt man es. *Wichtig:* Bei den höheren Zuckerkochstufen steigt die Temperatur schneller an. Es muß dann öfter kontrolliert werden. Um ein mögliches Nachkochen zu vermeiden, den Topf rechtzeitig von der Heizfläche nehmen oder in einem kalten Wasserbad abschrecken.

Zuckerkochstufen (nach Zuckergraden)	Temperatur	
	°Celsius	°Reaumur
Schwacher Faden Die Spitzen von Zeigefinger und Daumen zuerst in kaltes Wasser tauchen, dann schnell in die Zuckerlösung stippen und zusammendrücken. Die Fingerspitzen auseinander bewegen. Dabei bildet sich ein kurzer, schwacher Faden. *Verwendung:* Kandieren von Früchten.	105	84
Starker Faden Die vorherige Probe wiederholen. Jetzt ergibt sich ein längerer, stärkerer Faden. *Verwendung:* Verschiedene Glasuren, zum Beispiel für Lebkuchen und Schokoladenglasur.	107,5	86
Schwacher Flug Diese Probe mit einem dünnen Draht durchführen, der an einem Ende zu kleinen runden Schlingen gebogen ist. Beim Eintauchen in die kochende Zuckermasse bleiben in den Schlingen dünne Zucker-häutchen hängen. Beim Durchblasen fliegen sie wie Seifenblasen weg. *Verwendung:* Für warme Baisermasse, zum Beispiel für Tee-Konfekt, für gebrannte Mandeln.	112,5	90
Starker Flug – Kettenflug Wie beim schwachen Flug verfahren. Es bildet sich eine längere Kette von aneinanderhängenden Zuckerblasen. *Verwendung:* Fondantherstellung, italienische Buttercreme, Nougat Montèlimar.	117,5	94

Zuckerkochstufen (nach Zuckergraden)	Temperatur	
	°Celsius	°Reaumur
Ballen Zwischen den nassen Fingern läßt sich der Zucker zu einer kleinen Kugel formen. *Verwendung:* Kochen von Konfitüren, Marmeladen, für Creme-Pralinen.	125	100
Bruch Ein Holzstäbchen kurz in den kochenden Zucker tauchen und dann mit der anhaftenden Zuckermasse in kaltes Wasser eintauchen. Der Zucker ist hart, bricht leicht und klebt etwas. *Verwendung:* Herstellung von Bonbons.	135	108
Karamel, schwach Die Zuckerprobe wie beim Bruch nehmen. Der Bruch ist härter und trocken. *Verwendung:* Gezogener Zucker, Bonbons.	142,5	114
Karamel, stark Die Zuckerprobe wie beim Bruch nehmen. Nach dem Erkalten ist die Zuckerprobe sehr hart und fest. *Verwendung:* Karamelfiguren, Spinnzucker.	147,5	118
Kulör Sobald die Zuckermasse sich bräunt, mit Wasser abschrecken und den Zucker auflösen. Der Zucker darf keinesfalls über 155 °C/124° R erhitzt werden. Er würde verkohlen, verbrennen. *Verwendung:* Zum Färben von Glasuren und Cremes.	155	124

Fondant selbst herstellen

Ich plädiere nicht dafür, daß jemand seinen Fondant selber kocht. Es verlangt beim Tablieren einen nicht geringen körperlichen Einsatz. Denn für das Tablieren reicht eine Küchenmaschine nicht aus, da sie die dafür notwendige Kraft von Haus aus nicht besitzt. Für einige andere Rezepte dieses Buches muß Zucker gekocht, aber nicht tabliert werden.

Geräte zum Zuckerkochen

1 Edelstahltopf von 3 Liter Inhalt; 1 Zucker-Thermometer; 1 Schaumlöffel zum Entfernen von Schmutzschaum, der beim Kochen aus der Zuckerlösung an die Oberfläche steigt; 1 Schüssel für kaltes Wasser; 1 ca. 4 cm breiten Pinsel zum Zusammenwaschen der sich am Topfrand während des Kochens bildenden Zuckerkristalle.

Zutaten

500 g Zucker
200 g Wasser
50 g Glykosesirup

Wichtig: Zucker und Wasser immer im Verhältnis 5 Teile Zucker zu 2 Teile Wasser nehmen. In diesem Verhältnis löst sich der Zucker beim Erwärmen restlos auf. Werden größere Wassermengen genommen, wird das Auflösen beschleunigt, die Kochzeiten aber verlängern sich und die Zuckermasse erhält ungünstige Farbveränderungen, das heißt, der Zucker bekommt einen gelben bis braunen Farbton. Die Zugabe von weniger Wasser birgt das Risiko, daß der Zucker sich nicht restlos auflöst. Es verbleiben Zuckerkristalle als sogenannte Mutterkristalle, die das Absterben der Zuckermasse bewirken. Außerdem bräunen die Zuckerkristalle am Topfboden und verursachen einen bitteren Geschmack. Eine abgestorbene Zuckermasse ist krümelig und für Fondant wie auch für andere Zuckermassen in diesem Zustand nicht mehr zu verwenden.

Zubereitung

Zucker, Wasser und Glykosesirup in den Kochtopf geben. Auf kleiner Flamme beginnen. Dieses Anwärmen und wiederholtes Umrühren fördern ein Auflösen des Zuckers. Zwischendurch mit einem mit Wasser befeuchteten Pinsel den Topfrand oberhalb des Flüssigkeitsspiegels abwaschen, damit sich keine Kristalle bilden. Das Zucker-Thermometer in den Topf stellen. Der Zucker muß sich bis zum Kochbeginn (100 °C) restlos aufgelöst haben. Die Hitze verstärken, um zu einem schnellen Kochen zu kommen, damit der Zucker nicht vorzeitig bräunt.

Sobald das Kochen beginnt, darf keinesfalls mehr umgerührt werden, damit sich am Topfrand keine Zuckerkristalle absetzen. Trotzdem muß der Topfrand mit dem Pinsel mehrmals abgewaschen werden. Die durch das Kochen bewirkte Wasserverdampfung hat zur Folge, daß der Flüssigkeitsspiegel im Kochtopf absinkt und Zuckermasse am Rand hängen bleibt.

Zum Beginn des Kochens schäumt der Zucker mehrmals auf. Er wird mit einigen Spritzern kaltem Wasser zurückgeschreckt. Sehr wichtig ist, den an der Oberfläche angesammelten Schmutzschaum mit dem vorher in kaltes Wasser getauchten Schaumlöffel abzunehmen.

Die Temperatur von 100 °C verbleibt einige Zeit auch bei starkem Kochen, da die jetzt zugeführte Wärmeenergie in stärkerem Maße für die Wasserverdampfung erforderlich ist. Dabei nimmt die Konzentration der Zuckerlösung zu. Nach einer Weile steigen die Temperaturen wieder schneller an. Das Thermometer jetzt immer genau beobachten.

Sobald die erforderliche Temperatur von 117,5 °C/94 °R erreicht ist, den Topf sofort vom Herd nehmen und in die vorher mit kaltem Wasser gefüllte Schüssel stellen, um ein Nachkochen durch die vom Topfboden vorhandene Hitze zu unterbinden. Die Oberfläche mit kaltem Wasser benetzen, damit sich keine Haut bilden kann.

Tablieren

Eine Marmorplatte mit Wasser benetzen und dann die noch heiße Zuckermasse daraufgießen. Die Oberfläche mit Wasser benetzen. Warten, bis die Zuckermasse etwa Körpertemperatur erreicht hat. Darauf achten, daß die Oberfläche mit Wasser benetzt bleibt, eventuell nochmals leicht benetzen, damit sich keine Haut bildet. Sobald die Körpertemperatur erreicht ist, wird die Masse tabliert. Das Wort Tablieren kommt aus dem Französischen und bedeutet: auf dem Tisch durcharbeiten.

Mit einem stabilen Holzspatel (etwas feucht halten, damit die Masse nicht anklebt) den auseinanderfließenden Zucker von außen nach innen zusammenschlagen, immer wiederholen. Der Zucker wird dabei milchig-weiß und fest, bis er schließlich den Erstarrungspunkt erreicht. Über diesen Punkt hinweg weitertablieren, bis der Zucker wieder geschmeidig wird. Er muß durch und durch geschmeidig und glatt sein, dann erst ist der Fondant gebrauchsfertig. Er wird dann vorteilhaft in einen kleinen Blecheimer gegeben. Die Oberfläche immer mit ein wenig Wasser abdecken, damit keine Kruste entstehen kann. Das ist auch erforderlich, wenn Fondantmasse aus dem Eimer entnommen wird. Den Eimer stets mit dem Deckel verschließen.

Läuterzucker

Läuterzucker ist eine Zuckerlösung, die auf Vorrat gekocht wird. In einem fest verschließbaren Gefäß kühl aufbewahren. Er wird benötigt, um Fondant-Glasuren zu verdünnen und um Pralinenmassen spritzfähig oder fließfähig zu machen.
Für die Herstellung von Läuterzucker brauchen Sie
▷ 1 Edelstahlkochtopf,
▷ 1 Holzlöffel,
▷ 1 Schaumlöffel,
▷ 1 Haarpinsel, 3 cm oder 4 cm breit;
als Zutaten
▷ 1000 g feinsten Zucker,
▷ 375 g Wasser.
Zucker und Wasser in den Kochtopf geben und mit dem Holzlöffel umrühren. Bei mittlerer Hitze den Zucker auflösen und kochen. Den sich bildenden Schaum mit dem Schaumlöffel mehrmals abnehmen, bis die Zuckerlösung klar ist. Die Topfwand mit dem in Wasser getauchten Pinsel wiederholt abwaschen. Steigt die Zuckerlösung zu stark an, mit einigen Spritzern kaltem Wasser zurückschrecken. Unter Umständen schnell von der Kochstelle abziehen, bevor die Zuckermasse überkocht. Die Zuckerlösung wird bis 105 °C oder 84° R auf dem Zucker-Thermometer gekocht. Ist diese Temperatur erreicht, sofort von der Kochstelle nehmen und den Kochtopf in eine Schüssel mit kaltem Wasser stellen, damit ein Weiterkochen durch den heißen Topfboden verhindert wird. Abgekühlt abfüllen.

Glasuren

Fondantglasur

Fondant wird für das Überziehen auf 37 °C temperiert. Immer langsam erwärmen! Dafür die Schüssel mit dem Fondant in ein Wasserbad setzen. Zum Verdünnen der Glasur kann Läuterzucker zugesetzt werden. Verbleibende Reste von Fondant stets mit Wasser bedecken, damit sich keine Haut bilden kann.
Bevor Pralinen und Gebäckstücke mit Fondant überzogen werden, muß man sie mit passierter, heißer Aprikosenkonfitüre aprikotieren. Dafür wird die Aprikosenkonfitüre bis 105 °C gekocht (Zucker-Thermometer verwenden).

Puderzuckerglasur

5 Teile Puderzucker kommen auf 1 Teil Wasser. Den Puderzucker sieben und in das Wasser einrühren. Einige Stunden stehen lassen, auch über Nacht. Dann glattrühren.

Eiweißglasur

4 Teile Puderzucker kommen auf 2 Teile Eiweiß und 1 TL Fruchtsäure (damit behält die Glasur ihren Glanz). Den Puderzucker sieben und mit dem Eiweiß und der Fruchtsäure glattrühren.

Eiweißglasur zum Spritzen

4 Teile Puderzucker kommen auf 1 Teil Eiweiß. Den Puderzucker sieben und mit dem Eiweiß intensiv schaumig rühren.

Gummiarabikum

Zum Abglänzen von z. B. Königsberger Marzipan, Florentiner Konfekt oder Krokantbödelchen wird Gummiarabikum verwendet. Dafür kommt 1 Teil Gummiarabikum auf 6 Teile Wasser. Das Gummiarabikum in heißem Wasser verrühren und aufkochen. Die Glasur heiß und dünn mit dem Pinsel auftragen.

Geschmacks- und Farbabstimmung

Die Farbtöne der Glasuren sollen immer mit dem Geschmack des überzogenen Konfekts bzw. der Petits-fours-Sorten abgestimmt sein. Die nachstehende Tabelle wird Ihnen dabei behilflich sein. Dazu noch ein Tip vorweg: niemals die Glasuren zu stark färben, immer in pastellfarbigen Tönen halten.

Geschmacksrichtung	Farbton
Arrak, Cognac, Maraschino, Vanille, Weinbrand, Erdbeer, Himbeer	weiß
Johannisbeer	rosa
Orangen, Mandarinen, Mandeln, Pistazien	orange
Waldmeister	grün
Zitrone, Rum	gelb
Schokolade, Kuvertüre	dunkelbraun
Mokka	hellbraun

Foto Seite 26/27
Nougatbecher, Rezept Seite 35
Orangenmarzipan-Monde,
Chantrémarzipan und Marzipan
Southern Comfort, Rezepte Seite 41

Pralinen

GRUNDSÄTZLICHES

Wohlgeschmack, Aussehen und letztlich die Haltbarkeit von Pralinen setzen voraus, ganz besonders auf die Hygiene und Sauberkeit bei der Herstellung zu achten.

Pralinen dürfen während der Herstellung nicht mit Mehl oder Speisestärke in Verbindung kommen. Die Arbeitsfläche, Tisch oder Marmorplatte, Abstellbleche und Geräte müssen peinlich sauber sein. Bei Nichtbeachtung beginnen die Pralinenkörper nach einer gewissen Zeit zu gären oder/und zu platzen.

Die Lagerfähigkeit von Pralinen ist wegen der Empfindlichkeit vieler Rohstoffe und Zutaten begrenzt. Das gilt insbesondere für Trüffelmassen, welche unter Zusatz von Sahne oder Butter gefertigt wurden. Die hierbei gegebene Gefahr kann durch Beigabe von Karion F flüssig, einem nichtkristallisierenden Sorbitsirup, weitgehend eingeschränkt werden.

Bevor Sie eigene Geschmackskompositionen versuchen, ist es ratsam, erst mit Rezepten aus diesem Buch zu beginnen. So bekommen Sie das richtige Gespür für geschmackliche Eigenarten, deren Zusammensetzungen sowie für die miteinander harmonierenden Zutaten. Sie müssen unbedingt frische Zutaten verwenden, bei der Auswahl auf besondere Qualität achten und die Vielfalt geschmacklicher Zusammensetzungen nutzen.

Die Hauptgeschmacksträger sind:
▷ Halbbitter-Kuvertüre,
▷ Vollmilch-Kuvertüre,
▷ weiße Kuvertüre,
▷ Marzipanrohmasse,
▷ Nougat,
▷ Kakaopulver,
▷ Zucker,
▷ Honig,
▷ Butter,
▷ Sahne,
▷ Liköre,
▷ Cognac, Weinbrände, Edelbrände,
▷ Früchte, kandiert oder getrocknet,
▷ Instant-Kaffee.

Pralinenkörper

Geschnittene und ausgestochene Pralinen

Die Pralinenmasse wird, je nach Konsistenz, auf ein Back- oder Alu-Ausstellblech, welches mit Frischhaltefolie oder Backpapier ausgelegt ist, aufgestrichen oder mit einem Spritzbeutel und -tülle als Strang aufdressiert. Jeweils mit Frischhaltefolie abdecken. Sobald die Pralinenmasse fest geworden ist, wird sie mit einem Messer oder glattem Teigrädchen zum Viereck, Rechteck oder Dreieck geschnitten. Runde oder ovale Formen werden mit einem entsprechenden Ausstecher ausgestochen.

Angewirkte Pralinenmassen, z.B. aus Marzipan, aber auch Marzipanrohmassen werden mit einem Rollholz auf die in den Rezepten angegebene Dicke ausgerollt. Das geschieht am besten auf ausgelegtem Backpapier. Eine kühlende Marmorplatte ist der geeignete Untergrund. Die ausgerollte Marzipanfläche wird mit einem Lineal entsprechend der Anweisung im Rezept eingeteilt und mit einem scharfen Messer oder einem glatten Teigrädchen geschnitten. Sind runde oder ovale Formen vorgesehen, werden diese mit dem dafür bestimmten Ausstecher ausgestochen.

Modellierte Pralinen

Sie werden aus Marzipanmasse hergestellt und von Hand geformt.

Aufgespritzte Pralinen

Die Pralinenkörper werden mit dem Spritzbeutel und der im Rezept angegebenen Spritztülle auf Kuvertüre-, Krokant- oder Marzipanbödelchen aufdressiert.

Gerollte Pralinen

Pralinen, deren Pralinenkörper eine Kugelform erhalten, werden mit den Händen geformt, sie werden gerollt. Wichtig ist, daß die Hände kalt sind und das Rollen der Pralinenmasse sehr schnell erfolgt.

Gefüllte Pralinen

Diese Pralinenmassen werden in mit Kuvertüre ausgekleidete Stanniolkapseln gefüllt. Nach dem Füllen müssen flüssige Füllungen mit Kakaobutter und Kuvertüre, weiche Füllungen nur mit Kuvertüre geschlossen werden.

Vor dem Überziehen der Pralinenkörper mit Kuvertüre müssen sie angezogen, das heißt, eine Haut bekommen haben. Marzipan-Pralinenkörper einige Stunden trocknen lassen, sie ziehen sich infolge Wasserverdunstung zusammen. Bei einem sofortigen Überziehen würden bereits nach kurzer Zeit zwischen dem Pralinenkörper und dem Überzug Hohlräume entstehen. Der Überzug wäre bruchempfindlich, da er nicht mehr am Pralinenkörper haftet. Die Pralinenkörper stets bei einer Temperatur von etwa 20–22 °C überziehen. Sollte die Raumtemperatur höher sein, die überzogenen Pralinen zum Anziehen der Kuvertüre kurz in den Kühlschrank stellen.

Pralinenarten

Die Hauptgeschmacksrichtung entscheidet, zu welcher Art eine Praline gehört.

Marzipan-Pralinen
Marzipanrohmasse wird zum Beispiel durch Beigabe diverser Liköre, Weinbrände und Mandeln, Nüssen, Pistazien sowie kandierten Früchten zu unterschiedlichen Geschmacksrichtungen verarbeitet. Durch Anwirken der Marzipanrohmasse mit Puderzucker erhält man wieder eine andere Geschmacksrichtung, aber auch einen festeren Pralinenkörper.

Nougat-Pralinen
Nougatmasse wird ohne andere Zusätze zu Spritz- und Schichtnougat-Pralinen verwendet, teilweise mit Vollmilch- oder Halbbitterkuvertüre überzogen. Es werden der Nougatmasse aber auch Nüsse, Mandeln, Pistazien, Butter, Sahne, Cognac sowie kandierte Früchte untergemischt.

Gelee-Pralinen
Gelee-Pralinen werden unter Verwendung von reinen Fruchtsäften, Fruchtsirupen, Weinen, Zucker, Gelierzucker, Agar-Agar, Gelatine, Pektin und Weinsteinsäure hergestellt. Diese Gelee-Massen finden auch als Einlagen in Verbindung mit anderen Zutaten, z.B. mit Marzipan, Verwendung.

Trüffel-Pralinen
Diese Pralinen sind von besonderer Feinheit, Schmelz und Geschmack. Sie haben durchweg einen sehr hohen Anteil an Sahne und Butter. Zusätze können sein: Eigelb, Honig, Zucker, Cognac, diverse Liköre, Dessertweine, gehackte und gemahlene Nüsse bzw. Mandeln sowie gehackte kandierte Früchte.

Creme-Pralinen
Sie werden aus Fondant und Milch- oder Sahnecreme hergestellt. Diese Massen sind stets sehr süß. Deshalb sollten als Geschmackszusätze Schnäpse und Fruchtsäfte Verwendung finden. Die fertig hergestellten Crememassen werden in mit Kuvertüre ausgekleidete Stanniolkapseln eingefüllt. Nachdem die Füllmassen angezogen haben – sie haben eine Haut –, werden sie mit Kuvertüre gedeckt, das heißt, die Oberfläche wird mit Kuvertüre geschlossen.

Likör- und Weinbrand-Pralinen
Dafür werden mit Kuvertüre ausgekleidete Stanniolkapseln benötigt. Die flüssigen Füllungen werden mit einem kleinen Kännchen in die Kapseln gefüllt, die Kapseln mit heißer Kakaobutter luftdicht abgeschlossen und, sobald die Kakaobutter erstarrt ist, mit Kuvertüre gedeckelt.

Krokant-Pralinen
Diese Pralinenkörper bestehen aus geschmolzenem Zucker, Mandeln oder Nüssen. Zusätze für die verschiedenen Krokantarten:
▷ Hartkrokant – keine besonderen Zusätze,
▷ Weichkrokant – Butter oder Sahne, auch beides,
▷ Blätterkrokant – Butter,
▷ Fruchtkrokant – verschiedene kandierte Früchte.

Rohkost-Pralinen
Sie werden hergestellt unter Verwendung von
▷ kandierten Früchten, z.B. Ananas, Aprikosen, Erdbeeren, Kirschen, Orangeat, Ingwer, Pfirsiche, Melonen, Birnen, Quitten und andere,
▷ getrockneten Früchten, z.B. Sultaninen, Feigen, Datteln, Bananen und andere,
▷ Nüssen und Mandeln, z.B. Cashewnüssen, Haselnüssen, Mandeln, Erdnüssen,
▷ Getreideflocken, z.B. kernigen Haferflocken und knusprigen Haferfleks.

Für den Zusammenhalt und die Formgebung werden Nougat, Marzipan und Kuvertüre eingesetzt.

Spritzschokolade

Für die Garnierung der überzogenen Pralinenkörper wird Spritzschokolade benötigt. Sie kann aus Vollmilch-Kuvertüre für helle Garnituren bzw. aus Halbbitter-Kuvertüre für dunkle Garnituren selbst hergestellt werden. Dafür werden Vollmilch-Kuvertüre auf 29–31 °C, Halbbitter-Kuvertüre auf 31–33 °C temperiert und jeweils mit wenigen Tropfen reinem Alkohol angedickt. Zum Spritzen der Garnituren kleine Spritzbeutel aus Pergament- oder Backpapier verwenden, sie sind leicht selbst anzufertigen. Die Stärke des »Fadens« wird durch die Größe der Öffnung beim Abschneiden der Spitze reguliert.

Achtung: Immer erst wenig von der Spitze abschneiden und einen Spritzversuch machen. Ist der Faden zu dünn, die Tütenspitze ein Stückchen weiter abschneiden.

Bödelchen

Kuvertürebödelchen

Für diverse Pralinensorten werden Vollmilch- oder Halbbitter-Kuvertürebödelchen zum Aufdressieren oder Auflegen der Pralinenmassen benötigt. Diese Bödelchen stellt man sich selber her, sie gibt es nicht zu kaufen.

Einen Bogen Backpapier auf einem Backblech ausbreiten. Die temperierte Kuvertüre (Vollmilch-Kuvertüre auf 29–31 °C, Halbbitter-Kuvertüre auf 31–33 °C temperieren) auf das Backpapier gießen und mit einer Palette etwa 3 mm dick aufstreichen. Die Kuvertüre ganz erstarren lassen. Mit einem runden Ausstecher von 3 cm Durchmesser Bödelchen ausstechen, den Ausstecher dazu in heißes Wasser tauchen, sonst gibt es zuviel Bruch. Es ist empfehlenswert, einen Bödelchen-Vorrat anzulegen, wenn Sie öfter Pralinen herstellen. Den Vorrat in einer fest verschließbaren Blechdose bei 18 °C aufbewahren.

Marzipanbödelchen

Sie werden aus angewirktem Marzipan hergestellt. Das Rezept dafür wird in den Rezepten angegeben, da es unterschiedliche Anteile der Zutaten gibt. Aus dem angewirkten Marzipan wird eine Platte von etwa 3–4 mm Dicke ausgerollt und mit einem runden Ausstecher von 3 cm Durchmesser die Bödelchen ausgestochen. Zum Antrocknen auf ein mit Backpapier ausgelegtes Blech legen. Vorrat in Blechdose mit Frischhaltefolie legen.

Krokantbödelchen

Siehe Seite 74

SCHOKOLADE

Tafelschokoladen

Die Herstellung ist nicht schwer. Sie benötigen zum Formen der Tafeln kleine Edelstahlschalen, wie sie z.B. in einem Party-Service enthalten sind. Auf dem Foto ist im Hintergrund eine derartige Schale zu sehen. Sie hat eine Bodenfläche von 10 × 10 cm, nach oben weitet sie sich etwas aus. Die Schokolade bekommt darin eine gute Form – wenn auch keine Rippen – und läßt sich gut herauslösen. Auch die Eiswürfelschale kann dafür genommen werden, sofern sich der Eiswürfeleinsatz herausnehmen läßt. Die Schale darf allerdings nicht aus Kunststoff sein. Es ist nur wichtig, daß die zum Schokoladeformen umfunktionierten Schalen keine Kratzer haben. Daran würde die Schokolade hängen bleiben. Jede Form muß vor dem Einfüllen der Kuvertüre mit einem Wattebausch gut poliert werden; sonst nichts weiter.

Für eine Form von 10 × 10 cm werden 70–80 g Kuvertüre benötigt, wenn sie als Einlagen z.B. Haselnüsse bekommen soll. Möchten Sie nur eine Schokolade, dann brauchen Sie 90–100 g Kuvertüre.

Nach dem Überziehen von Pralinen bleibt durchschnittlich für 2–3 Tafeln bereits temperierte Kuvertüre übrig. Mit dieser Menge läßt sich beim Überziehen nur schwer weiterarbeiten, weil die Pralinenkörper keine ausreichende Tauchtiefe mehr haben. Da sollten Sie die restliche Kuvertüre besser für einige Tafeln Schokolade verwenden, zumal das zeitraubende Temperieren dafür dann wegfällt.

Halbbitter-Trauben-Nuß-Schokolade

Foto

70 g Halbbitter-Kuvertüre
2 EL Haselnüsse
1–2 EL abgetropfte Rumrosinen (Fertigprodukt) oder
1–2 EL sonnengetrocknete, nicht geschwefelte Sultaninen, in 2–3 cl Rum, 54 Vol.-%, eingelegt

Vorbereiten

Die Haselnüsse auf einem Blech in den Backofen stellen und bei 200 °C anrösten, bis die Schalen leicht mit der Hand abgeribbelt werden können. Die Nüsse abkühlen lassen.

Werden fertige Rumrosinen verwendet, aus dem Beutel 1 EL Rosinen herausnehmen und auf Küchenpapier abtropfen lassen. Für das Selbstherstellen von Rumtrauben die Sultaninen in eine Tasse schütten und den Rum zugießen, mit Frischhaltefolie verschließen. Über Nacht ziehen lassen. Die selbst angesetzten Rumtrauben müssen einen Tag vorher vorbereitet werden, sonst sind sie im Geschmack nicht gut genug.

Wer mehrere Tafeln gießen möchte, muß die angegebenen Mengen entsprechend vervielfachen.

Zubereitung

Mit einem kleinen Saucenlöffel von der auf 31–33 °C temperierten Kuvertüre so viel in die Schale gießen, daß der Boden gut bedeckt ist. Jetzt die abgekühlten, aber nicht kalten Nüsse sowie die abgetropften und außen trockenen Rumtrauben darauf verteilen. Mit der restlichen Kuvertüre begießen. Damit Sie die richtige Menge Kuvertüre in die

Form bekommen, stellen Sie die Schale auf die Küchenwaage und wiegen die Kuvertüremenge zu. Sobald die letzte Kuvertüre in der Schale ist, diese mit dem flachen Boden leicht auf der Tischplatte aufklopfen, damit eventuelle Luftbläschen verschwinden und die Kuvertüre sich gleichmäßig über die ganze Fläche verteilt. Beiseite stellen, die Kuvertüre erstarren lassen. Ist sie voll erstarrt, hat sie sich auch von der Form gelöst und kann ohne Schwierigkeiten herausgenommen werden. Jetzt in Frischhaltefolie fest einschlagen, damit keine Feuchtigkeit an die Tafel herankommt. Zum Verschenken zusätzlich in Alufolie einschlagen.

Variationen

Vollmilch-Trauben-Nuß-Schokolade: Statt der Halbbitter-Kuvertüre die gleiche Menge Vollmilch-Kuvertüre nehmen. Die anderen Zutaten bleiben gleich, ebenfalls die Herstellung der Tafel. Sie wird aber nur auf 29–31 °C temperiert.
Halbbitter-Nuß-Schokolade: Die Rumrosinen weglassen und dafür zusätzlich ½–1 EL Haselnüsse zugeben.
Halbbitter-Mandel-Schokolade: Ebenfalls die Rumrosinen weglassen und die Nüsse durch 2–3 EL gestiftelte oder gehackte Mandeln oder Mandelhälften ersetzen.

Weiße Schokolade mit kandierten Walnüssen

Foto Seite 31

| 70 g weiße Schokolade |
| (diese Kuvertüre wird weiße |
| Schokolade genannt) |
| 1½ EL kandierte Walnüsse |

Mit einem kleinen Saucenlöffel von der auf 29–31 °C temperierten Kuvertüre so viel in die Form gießen, daß der Boden bedeckt ist. Dann die kandierten Walnüsse darauf verteilen und die restliche Kuvertüre darübergießen. Die Form mit dem Boden leicht auf der Tischplatte aufklopfen, damit eventuelle Luftbläschen verschwinden und die Kuvertüre sich gleichmäßig verteilt. Die Schokolade erstarren lassen. Aus der Form herausnehmen und in Frischhaltefolie verpacken.

Marzipan-Schokolade

| 60 g Halbbitter- oder |
| Vollmilch-Kuvertüre |
| 60 g Marzipanrohmasse |

Die Marzipanrohmasse auf Backpapier gleichmäßig dick ausrollen. Mit einem kleinen Saucenlöffel von der temperierten Kuvertüre so viel in die Form gießen, daß der Boden sehr gut bedeckt ist. Gut ein Drittel der Kuvertüre dafür nehmen. Die Kuvertüre anziehen lassen. Die ausgerollte Marzipanrohmasse so auflegen, daß an allen Seiten ein ca. 5 mm Kuvertürerand frei bleibt. Die restliche Kuvertüre auf die Mitte der Marzipan-einlage gießen, so daß sie sich gut verteilen kann und auch die offenen Ränder gleichmäßig verschließt. Die Form dabei leicht mit dem Boden auf die Tischplatte aufstoßen, so erzielt man eine gut gefüllte Marzipanschokolade. Die Kuvertüre erstarren lassen. Die Tafel aus der Form nehmen und in Frischhaltefolie einschlagen.

Variation

Die Marzipanrohmasse mit Weinbrand, Cognac oder Schwarzwälder Kirschwasser abschmecken. Dafür genügt 1 TL, im Höchstfall 2 TL voll, damit die Masse ihren Stand behält, das heißt, nicht zu weich oder gar flüssig wird.

Schokoladen-Reliefpralinen

Hierfür brauchen Sie spezielle Reliefpralinen-Formen, die es im Handel gibt. Die Formen nur mit einem weichen Tuch oder Watte blank polieren.
Achtung: Diese Formen dürfen nie mit einem scharfen Gegenstand bearbeitet werden. Kratzer machen sie unbrauchbar(!), das heißt, die Kuvertüre läßt sich nicht mehr herauslösen.
Für die Herstellung von Reliefpralinen wird nur Kuvertüre benötigt. Es können verwendet werden:
▷ Vollmilch-Kuvertüre – auf 29–31 °C temperieren,
▷ Halbbitter-Kuvertüre – auf 31–33 °C temperieren,
▷ weiße Schokolade – auf 29–31 °C temperieren.

Das Einfüllen der Kuvertüre geht am besten mit einem selbstgemachten Beutel aus Pergament- oder Backpapier.

In ein Förmchen passen etwa 5 g Kuvertüre. Multiplizieren Sie das Gewicht mit der Anzahl der Formen, die Sie einsetzen. Sie sollten als Mindestmenge aber 200 g Kuvertüre temperieren. Mit weniger kann man nicht arbeiten, außerdem bleibt etliche Kuvertüre am Schüsselrand hängen. Nach dem Füllen der Förmchen die Kuvertüre erstarren lassen. Wurden die Förmchen richtig poliert und haben sie keine Kratzer, fallen die Reliefs leicht heraus.

Schweizer Mandelsplitter
Foto Seite 6

150 g gestiftelte Mandeln
3 TL Puderzucker
200 g weiße Schokolade

Die Mandeln auf einem mit Backpapier ausgelegten Backblech ausbreiten. Den gesiebten Puderzucker darüberstreuen beides gut vermischen und wieder ausbreiten. Im Backofen bei 200 °C goldgelb rösten. Die weiße Schokolade auf 29–31 °C temperieren und die auf Zimmertemperatur von 20 °C abgekühlten Mandeln unter die Kuvertüre rühren. Ein Backblech mit Backpapier auslegen. Die Mandelsplitter mit einem Teelöffel aufsetzen und dabei zu länglichen Pralinenkörpern formen, etwa 3 cm lang und 2 cm hoch.

Vollmilch-Mandelsplitter
Foto Seite 6

150 g gestiftelte Mandeln
3 TL Puderzucker
150 g Vollmilch-Kuvertüre

Die Zubereitung ist die gleiche wie für Schweizer Mandelsplitter.

Halbbitter-Mandelsplitter
Foto Seite 6

150 g gestiftelte Mandeln
3 TL Puderzucker
180 g Halbbitter-Kuvertüre

Die Zubereitung ist die gleiche wie für Schweizer Mandelsplitter, die Halbbitter-Kuvertüre jedoch auf 31–33 °C temperieren.

Mandelbissen
Foto Seite 15

250 g gestiftelte Mandeln
4 TL Puderzucker
200 g Halbbitter-Kuvertüre
600 g Vollmilch-Kuvertüre zum Überziehen

Die Mandeln auf ein mit Backpapier ausgelegtes Backblech verteilen, mit Puderzucker bestreuen, gut mischen und im Backofen bei 200 °C goldgelb rösten. Die Halbbitter-Kuvertüre auf 31–33 °C temperieren, die auf Zimmertemperatur abgekühlten Mandeln in die Kuvertüre geben und gut verrühren. Mit einem Teelöffel auf Backpapier kleine Häufchen setzen und dabei jeweils hoch formen, ganz erstarren lassen. Dann mit auf 29–31 °C temperierter Vollmilch-Kuvertüre überziehen.

Erdnußbissen
Foto Seite 15

200 g Vollmilch-Kuvertüre
300 g frisch aus der Schale gelöste Erdnüsse
600 g Vollmilch-Kuvertüre zum Überziehen

Die Vollmilch-Kuvertüre auf 29–31 °C temperieren. Die Erdnüsse – sie sollen eine Raumtemperatur von etwa 20 °C haben – in die Kuvertüre geben und gut durchmischen. Mit einem Teelöffel hohe Häufchen auf Backpapier setzen, ganz erstarren lassen. Dann mit der auf 29–31 °C temperierten Vollmilch-Kuvertüre überziehen.

1

2

3 ▽5

4 ▽6

MARZIPAN UND NOUGAT

Marzipan-Mandel-Pralinen
Fotos

300 g Marzipanrohmasse
100 g Puderzucker
15 g Glykosesirup
1 TL Rosenwasser
600 g Halbbitter-Kuvertüre zum Überziehen
abgezogene, halbierte Mandeln zum Garnieren

Für die Herstellung der Pralinenmasse sollten Sie möglichst eine kühlende Marmorplatte als Arbeitsfläche benutzen.

1 Die Marzipanrohmasse in kleine Stücke reißen, den Puderzucker darübersieben, Glykosesirup und Rosenwasser dazugeben. Mit kühlen Händen die Zutaten anwirken und zu einer Kugel formen.

2 Auf der Marmorplatte einen Bogen Backpapier auslegen und darauf die Marzipankugel gleichmäßig mit einem Rollholz etwa 1,5 cm dick ausrollen. Mit einem runden Ausstecher von 3 cm Durchmesser Pralinenkörper ausstechen. Auf ein mit Backpapier ausgelegtes Blech aufsetzen. Die Pralinenkörper in einem Raum mit einer Temperatur von etwa 20 °C abstellen, sie müssen eine Haut bekommen. Nach gut 2 Stunden alle Pralinenkörper umdrehen, damit die Unterseite ebenfalls eine Haut bilden kann.

3 Für das Überziehen die Kuvertüre temperieren. Zuerst die Kuvertüre mit einem Messer in kleine Stücke schneiden. Zwei Drittel davon in eine Edelstahlschüssel geben und die Schüssel in ein Wasserbad setzen. Die Kuvertüre unter Rühren mit einem Holzlöffel auflösen. Das Kuvertüre-Thermometer in die Kuvertüre hineinstellen, die Kuvertüre bis auf 50/55 °C erwärmen.

4 Aus dem Wasserbad herausnehmen, das Drittel nicht aufgelöster Kuvertüre hinzugeben und vorsichtig verrühren, bis es sich aufgelöst hat und die Kuvertüre zu stocken beginnt. Beim Rühren stets darauf achten, daß die Kuvertüre nicht schaumig gerührt wird.
Sobald die Kuvertüre stockt, die Schüssel wieder ins Wasserbad stellen und die Kuvertüre hochtemperieren. Das Kuvertüre-Thermometer in die Kuvertüre stellen, sobald sie wieder flüssig wird, und auf 31–33 °C temperieren. Nicht über 33 °C gehen. Dann ist die Kuvertüre fertig zum Überziehen.

5 Die Pralinenkörper mit der Pralinengabel in die Kuvertüre eintauchen, herausheben und die überschüssige Kuvertüre ablaufen lassen. Die Pralinengabel am Schüsselrand vorsichtig abstreifen, damit überschüssige Kuvertüre in der Schüssel verbleibt.

6 Die überzogene Praline auf das Pralinengitter absetzen. Auf jede Praline vor dem Erstarren der Kuvertüre eine halbe Mandel auflegen.
Ist die Kuvertüre auf den Pralinen erstarrt und fest geworden, die Pralinen in weiße Pralinenhütchen hineinsetzen.

Haselnußmarzipan

400 g Marzipanrohmasse
80 g frisch geröstete, feingemahlene Haselnüsse
8 cl Rum, 54 Vol.-%
600 g Vollmilch-Kuvertüre zum Überziehen
50 halbe, hell geröstete Haselnüsse zum Garnieren

Auf die Arbeitsfläche, vorteilhaft ist eine Marmorplatte, einen Bogen Backpapier legen. Die Marzipanrohmasse in kleinen Stücken in eine Schüssel geben, dazu die gemahlenen Haselnüsse sowie den Rum und daraus eine Masse anwirken. Diese auf dem Backpapier etwa 1 cm dick zu einem Rechteck ausrollen und Rauten – Länge von Spitze zu Spitze 2,5–3 cm – schneiden. 4 Stunden abstehen lassen, damit sie gut verhauten. Dann mit der auf 29–31 °C temperierten Vollmilch-Kuvertüre überziehen. Auf jede Praline eine halbe Haselnuß auflegen.

Nougatbecher
Foto Seite 26/27

250 g Nougat
50 g Kakaobutter

Den Nougat und die Kakaobutter getrennt auf 30 °C temperieren. Den Nougat mit der Kakaobutter spritzfähig verarbeiten und sofort in den Spritzbeutel füllen. Mit mittelgroßer Sterntülle die Nougatmasse in Stanniolkapseln (30 Stück) dressieren. Als Abschluß eine Rosette aufspritzen.

Walnußmarzipan
Foto Seite 38/39

300 g Marzipanrohmasse
3 cl Nußlikör
100 g feingehackte kandierte Walnüsse
600 g Vollmilch-Kuvertüre zum Überziehen
40 Walnußviertel zum Garnieren

Die Marzipanrohmasse mit Nußlikör und den kandierten Walnüssen anwirken. 1 cm dick auf Backpapier ausrollen und mit einem runden Ausstecher von 3 cm Durchmesser Pralinenkörper ausstechen. Diese auf einem mit Backpapier ausgelegten Blech jeweils mit etwas Abstand absetzen und etwas antrocknen lassen, die Pralinenkörper müssen verhauten. Nach 4 Stunden (zwischendurch umdrehen) mit auf 29–31 °C temperierter Vollmilch-Kuvertüre überziehen und auf jede Praline Walnußviertel auflegen. In Pralinenkapseln setzen.

Amarettomarzipan
Foto Seite 38/39

60 g Puderzucker
300 g Marzipanrohmasse
4 cl Amaretto di Saronno Originale
10 g Alkohol
1 TL Karion-F flüssig
600 g Halbbitter-Kuvertüre zum Überziehen
40 weiße Mandelhälften zum Garnieren

Den Puderzucker sieben, die Marzipanrohmasse in kleinen Stücken darauflegen, Amaretto, Alkohol und Karion F dazugeben und alles zu einer Masse anwirken. Auf Backpapier etwa 1 cm dick ausrollen und mit einem ovalen Ausstecher von 3 cm Länge oder, wenn nicht vorhanden, einem runden Ausstecher von 3 cm Durchmesser Pralinenkörper ausstechen und auf ein mit Backpapier ausgelegtes Blech mit wenig Abstand auflegen. 4 Stunden stehen lassen (zwischendurch einmal umdrehen) damit die Pralinenkörper eine Haut bekommen. Dann mit auf 31–33 °C temperierter Halbbitter-Kuvertüre überziehen und jeweils eine halbe Mandel auflegen.

Doppelnuß-Nougat
Foto Seite 38/39

30 g Haselnußkrokant
300 g Nußnougat
30 g Kakaobutter
72 abgezogene Haselnüsse, goldgelb geröstet
600 g Halbbitter-Kuvertüre zum Überziehen

Haselnußkrokant in einen Frischhaltebeutel füllen, verschließen und mit einem Rollholz zerkleinern. Nußnougat und Kakaobutter getrennt auf 30 °C temperieren, die Kakaobutter unter den Nougat mischen, zuletzt den zerkleinerten Krokant einarbeiten. Die Masse mit einer Palette etwa 1 cm dick auf ein mit Backpapier ausgelegtes Backblech streichen. Sobald sie fest geworden ist, mit einem ovalen Ausstecher von 3 cm Länge oder, wenn nicht vorhanden, mit einem runden

Ausstecher von 3 cm Durchmesser Pralinenkörper ausstechen und auf jeden Pralinenkörper 2 Haselnüsse drücken. Sollten sie nicht haften, etwas Kuvertüre an die Nüsse streichen. Die Pralinenkörper verhauten lassen. Das dauert etwa 4 Stunden, zwischendurch müssen sie einmal umgedreht werden. Dann mit 31–33 °C temperierter Halbbitter-Kuvertüre überziehen.

Kirsch-Nuß-Marzipan
Foto Seite 38/39

50 g Puderzucker
300 g Marzipanrohmasse
50 g flüssige, abgekühlte Vollmilch-Kuvertüre
4 cl Kirschlikör
10 g reiner Alkohol
600 g Halbbitter-Kuvertüre zum Überziehen
40 halbe Haselnüsse zum Garnieren

Den Puderzucker in eine Schüssel sieben, die Marzipanrohmasse in kleinen Stücken darauflegen und etwas anwirken. Die flüssige Kuvertüre, Kirschlikör und Alkohol dazugeben und alles zu einer Marzipanmasse arbeiten. Ein Backblech mit Backpapier auslegen, ebenfalls die Arbeitsfläche. Darauf die Marzipanmasse etwa 1 cm dick ausrollen. Mit einem sechseckigen Ausstecher von 3 cm Durchmesser Pralinenkörper ausstechen und mit jeweils kleinen Abständen auf das Backblech legen. Verhauten lassen. Nach 4 Stunden (zwischendurch einmal umdrehen) mit auf 31–33 °C temperierter Halbbitter-Kuvertüre überziehen. Eine halbe Haselnuß auflegen.

Traubenmarzipan
Foto Seite 38/39

60 ausgesuchte Sultaninen, in Weinbrand eingelegt
50 g flüssige, abgekühlte Vollmilch-Kuvertüre
250 g Marzipanrohmasse
600 g Halbbitter-Kuvertüre zum Überziehen
Vollmilch-Spritzschokolade zum Garnieren

Die Sultaninen, sonnengetrocknet und ungeschwefelt, in ein Glas geben und so viel Weinbrand dazugießen, daß sie gut bedeckt sind. Das Glas fest verschließen und 24 Stunden stehen lassen. Dann den Weinbrand abgießen und die Sultaninen auf einem Handtuch trocknen. Sie sollen von außen keine Feuchtigkeit mehr zeigen. 30 Stück für die Garnitur beiseite legen.
Die restlichen Sultaninen unter die mit der Vollmilch-Kuvertüre angewirkte Marzipanrohmasse geben. Die Marzipanmasse auf Backpapier 1 cm dick ausrollen und mit rundem Ausstecher von 2 cm oder 3 cm Durchmesser Pralinenkörper ausstechen. Zum Antrocknen auf ein mit Backpapier ausgelegtes Backblech jeweils mit wenig Abstand setzen. Die Pralinenkörper sollen Haut bekommen, das dauert 3–4 Stunden. Dann mit auf 31–33 °C temperierter Halbbitter-Kuvertüre überziehen. Mit Vollmilch-Spritzschokolade eine Rosette aufdressieren und eine Sultanine leicht in die Rosette eindrükken.

Krokantmarzipan

50 g feingestoßener Krokant (dafür Haselnußkrokant kaufen)
40 g Puderzucker
300 g Marzipanrohmasse
3 cl Rum, 54 Vol.-%
600 g Halbbitter-Kuvertüre zum Überziehen
40 halbe weiße Mandeln zum Garnieren

Den Krokant in einen Plastikbeutel geben, verschließen und mit einem Rollholz zerkleinern. Es geht auch auf einem sauberen Backblech. Den Puderzucker in eine Schüssel sieben. Die Marzipanrohmasse in kleinen Stücken dazugeben und kurz anwirken. Dann den gestoßenen Krokant und den Rum zugeben und alles zu einer Masse anwirken. Auf die Arbeitsfläche einen Bogen Backpapier legen und darauf die fertige Masse etwa 1 cm dick ausrollen. Mit einem runden Ausstecher von 3 cm Durchmesser Pralinenkörper ausstechen, auf Backpapier setzen, verhauten lassen. Nach etwa 2 Stunden umdrehen, damit auch die Unterseite eine Haut bekommen kann. Mit der auf 31–33 °C temperierten Halbbitter-Kuvertüre überziehen. Auf jede Praline eine halbe Mandel auflegen.

Zitronenmarzipan

60 g Puderzucker
200 g Marzipanrohmasse
600 g Halbbitter-Kuvertüre zum Überziehen
Vollmilch-Spritzschokolade zum Garnieren
Marzipanmasse
250 g Marzipanrohmasse
50 g Puderzucker
5 cl Zitronenlikör

Den Puderzucker sieben und mit der Marzipanrohmasse anwirken. Einen Bogen Backpapier auf der Arbeitsfläche auslegen und Marzipan etwa 3 mm dick ausrollen. Mit einem runden Ausstecher von 3 cm Durchmesser Bödelchen ausstechen. Auf einem mit Backpapier belegten Backblech mit wenig Abstand auflegen.
Puderzucker in eine Schüssel sieben. Die Marzipanrohmasse in kleinen Stücken und den Zitronenlikör dazugeben. Von diesen Zutaten eine spritzfähige Masse arbeiten, eventuell Zitronenlikör nachgeben. Die fertige Pralinenmasse mit dem Spritzbeutel und mittelgroßer Sterntülle nach oben spitz auslaufende Rosetten auf die Bödelchen dressieren. Verhauten lassen. Mit der auf 31–33 °C temperierten Halbbitter-Kuvertüre überziehen. Mit der Spritzschokolade auf die Spitze einen Punkt setzen.

Apricotmarzipan

35 Vollmilch-Kuvertürebödelchen (Seite 30)
600 g Vollmilch-Kuvertüre zum Überziehen
35 abgezogene Mandelhälften zum Garnieren
Marzipanmasse
250 g Marzipanrohmasse
75 g Butter
4 cl Apricot Brandy

Die Kuvertürebödelchen auf einem sauberen Blech auslegen.
In einer Schüssel die Marzipanrohmasse mit der Butter und dem Apricot Brandy zu einer glatten, garnierfähigen Masse arbeiten. Ist die Spritzfähigkeit noch nicht gegeben, Apricot Brandy nachgeben. Mit dem Spritzbeutel (große Lochtülle) die Masse kuppelförmig auf die Bödelchen aufdressieren. Die Pralinenkörper müssen eine Haut bekommen, so lange müssen sie stehen bleiben. Dann mit auf 29–31 °C temperierter Vollmilch-Kuvertüre überziehen. Bevor die Kuvertüre anzieht, jeweils eine halbe Mandel auflegen.

Butter-Kirsch-Marzipan

300 g Marzipanrohmasse
150 g Puderzucker
100 g Butter
5 cl Schwarzwälder Kirschwasser
600 g Halbbitter-Kuvertüre zum Überziehen

Die Marzipanrohmasse mit dem gesiebten Puderzucker, der Butter und dem Kirschwasser zu einer glatten Pralinenmasse anwirken. Auf die Arbeitsfläche einen Bogen Backpapier legen und darauf die Marzipanmasse etwa 1 cm dick ausrollen. Verhauten lassen. Die Halbbitter-Kuvertüre auf 31–33 °C temperieren und den Marzipanboden damit dünn bestreichen. Wenn die Kuvertüre angezogen hat, Stücke von 2 × 2 cm schneiden. Mit der temperierten Kuvertüre bestreichen, damit auch die Schnittflächen überzogen sind.

Marzipan-Cointreau-Taler

90 g Puderzucker
300 g Marzipanrohmasse
30 g gemahlene Mandeln
35 g feingehacktes Orangeat
3 cl Cointreau
10 g reiner Alkohol
5 Tropfen Weinsteinsäure
600 g Vollmilch-Kuvertüre zum Überziehen
20 g Schokoladenstreusel zum Garnieren

Den Puderzucker auf eine Arbeitsfläche, vorteilhaft ist eine Marmorplatte, sieben, die Marzipanrohmasse in kleinen Stücken daraufgeben und kurz anwirken. Die anderen Zutaten hinzufügen und alles zu einer glatten Marzipanmasse verarbeiten. Die Arbeitsfläche gut säubern, einen Bogen Backpapier auslegen und die Marzipanmasse darauf etwa 1,5 cm dick ausrollen. Mit einem runden Ausstecher von 3 cm Durchmesser kleine Taler ausstechen, auf ein mit Backpapier belegtes Backblech mit etwas Abstand aufsetzen und verhauten lassen. Nach 2 Stunden die Pralinenkörper umdrehen. Nach weiteren 2 Stunden mit der auf 20–31 °C temperierten Vollmilch-Kuvertüre überziehen. Die Mitte der Pralinenkörper mit Schokoladenstreuseln bestreuen.

Marzipanbissen

60 g Puderzucker
300 g Marzipanrohmasse
20 g Glykosesirup
60 g geröstete, feingemahlene Mandeln
30 g ganz fein geschnittenes Orangeat
20 g ganz fein geschnittenes Zitronat
2 TL Rosenwasser
600 g Vollmilch-Kuvertüre zum Überziehen

Den Puderzucker sieben und mit der Marzipanrohmasse, Glykosesirup, Mandeln, Orangeat, Zitronat und Rosenwasser zu einer Masse anwirken. Auf die Arbeitsfläche einen Bogen Backpapier legen und darauf die Marzipanmasse etwa 1,5 cm dick ausrollen. In Stücke von 2 × 3 cm schneiden. Mit etwas Ab-

stand auf ein mit Backpapier ausgelegtes Backblech legen und verhauten lassen. Nach 2 Stunden die Pralinenkörper umdrehen, damit die Unterseite ebenfalls verhauten kann. Nach weiteren 2 Stunden mit der auf 29–31 °C temperierten Vollmilch-Kuvertüre überziehen.

Chantrémarzipan
Foto Seite 26/27

70 g Puderzucker
350 g Marzipanrohmasse
20 g Glykosesirup
4 cl Chantré
600 g Halbbitter-Kuvertüre zum Überziehen
Halbbitter-Spritzschokolade zum Garnieren

Den Puderzucker auf die Arbeitsfläche sieben, die Marzipanrohmasse in kleinen Stücken daraufgeben, etwas anwirken und dann Glykosesirup und Chantré beigeben. Alles zu einer glatten Marzipanmasse anwirken. Auf einer mit Backpapier belegten Marmorplatte zu einem Rechteck von 1 cm Dicke ausrollen und Stücke von 1,5 × 3 cm schneiden. Auf einem mit Backpapier belegten Backblech mit jeweils etwas Abstand absetzen. Die Pralinenkörper verhauten lassen. Nach 2 Stunden die Körper umdrehen, damit die Unterseite ebenfalls eine Haut bekommt. Mit auf 31–33 °C temperierter Halbbitter-Kuvertüre überziehen. Mit Halbbitter-Spritzschokolade unregelmäßige Linien quer zum Pralinenkörper aufspritzen.

Marzipan Southern Comfort
Foto Seite 26/27

350 g Marzipanrohmasse
50 g Puderzucker
20 g Glykosesirup
4 cl Southern-Comfort-Likör
20 g sehr fein gehackter Ingwer
600 g Halbbitter-Kuvertüre zum Überziehen
Vollmilch-Spritzschokolade zum Garnieren

Die Marzipanrohmasse in kleineren Stücken in eine Schüssel geben, den Puderzucker daraufsieben, Glykosesirup, Likör und den Ingwer dazugeben und alles zu einer glatten Marzipanmasse anwirken. Auf einer mit Backpapier ausgelegten Arbeitsfläche, möglichst eine Marmorplatte, etwa 1 cm dick ausrollen. Mit einem ovalen Ausstecher von 3 cm Länge, wenn nicht vorhanden, mit einem runden Ausstecher von 3 cm Durchmesser Pralinenkörper ausstechen. Auf Backpapier mit etwas Abstand absetzen und verhauten lassen. Nach 2 Stunden die Körper umdrehen, damit die Unterseite ebenfalls eine Haut bekommt. Mit auf 31–33 °C temperierter Halbbitter-Kuvertüre überziehen. Mit der Spritzschokolade ein Linienmuster aufspritzen.

Orangenmarzipan-Monde
Foto Seite 26/27

300 g Marzipanrohmasse
60 g flüssige, abgekühlte Halbbitter-Kuvertüre
80 g sehr fein gehacktes Orangeat
2 cl Grand Marnier, 40 Vol.-%
600 g Vollmilch-Kuvertüre zum Überziehen
Halbbitter-Spritzschokolade zum Garnieren

Die Marzipanrohmasse in kleinen Stücken in eine Schüssel geben, dazu die flüssige Kuvertüre, das Orangeat sowie den Grand Marnier. Aus allem eine glatte Marzipanmasse arbeiten. Auf die Arbeitsfläche, möglichst eine Marmorplatte, einen Bogen Backpapier legen und darauf die Marzipanmasse 1 cm dick ausrollen. Mit einem Halbmond-Ausstecher, wenn nicht vorhanden, mit einem runden Ausstecher von 3 cm Durchmesser runde Scheiben ausstechen und diese mit einem Messer in der Hälfte teilen. Die ausgestochenen Pralinenkörper jeweils mit einem kleinen Abstand auf ein mit Backpapier ausgelegtes Backblech setzen. Verhauten lassen. Nach etwa 2 Stunden die Körper umdrehen, damit die Unterseite ebenfalls eine Haut bekommt. Mit auf 29–31 °C temperierter Vollmilch-Kuvertüre überziehen. Mit der Spritzschokolade in die Mitte der Pralinen einen größeren Punkt setzen.

Pralinen

Kirschwassermarzipan

Foto

80 g Puderzucker
300 g Marzipanrohmasse
1 cl Schwarzwälder
Kirschwasser, 42 Vol.-%
100 g Vanille-Fondant
600 g Halbbitter-Kuvertüre
zum Überziehen
20 rote kandierte Belegkirschen
zum Garnieren

Den Puderzucker sieben, die Marzipanrohmasse in kleinen Stücken daraufgeben, kurz anwirken. Das Kirschwasser dazugießen und alles zu einer Marzipanmasse fertig anwirken. Die Arbeitsfläche, vorteilhaft ist eine Marmorplatte, mit Backpapier belegen. Die Marzipanmasse darauf 1 cm dick ausrollen. Mit einem Ausstecher von 3 cm Durchmesser runde Körper ausstechen, auf ein mit Backpapier ausgelegtes Backblech legen. Den Vanille-Fondant auf 30°C erwärmen und auf die Oberfläche der Marzipankörper einen Spiegel mit dem Messer aufstreichen. An den Seiten darf kein Fondant herunterlaufen. Den Fondant fest werden lassen. Nun die Pralinenkörper mit auf 31–33°C temperierter Halbbitter-Kuvertüre maskieren, das heißt, die Körper dürfen nur bis an den oberen Rand überzogen werden. Die Fondantfläche bleibt weiß. Die Belegkirschen halbieren und in die Mitte der Fondantfläche setzen, leicht andrücken. Sollten sie nicht haften bleiben, dann etwas Fondant auf die Kirsche geben und wieder aufsetzen.

Pistazienmarzipan

Foto

70 g Puderzucker
300 g Marzipanrohmasse
30 g feingehackte Pistazien
3 TL Schwarzwälder
Kirschwasser, 42 Vol.-%
1 gestrichener TL Muskatpulver
1 TL Citro-back
600 g Halbbitter-Kuvertüre
zum Überziehen
grobgehackte Pistazien
zum Garnieren

Den Puderzucker sieben und die Marzipanrohmasse in kleinen Stücken daraufgeben. Die feingehackten Pistazien, Kirschwasser, Muskat und Citro-back hinzufügen und alles zu einer glatten Marzipanmasse anwirken. Die Arbeitsfläche, vorteilhaft ist eine Marmorplatte, mit Backpapier belegen. Die Marzipanmasse darauf 1 cm dick ausrollen, in Stücke von 2 × 2 cm schneiden. Auseinandersetzen, damit die Pralinenkörper rundum eine Haut bekommen. Ratsam ist es, die Körper nach etwa 2 Stunden umzudrehen, damit auch der Boden Haut ziehen kann. Mit auf 31–33°C temperierter Kuvertüre überziehen. Danach jeweils sofort in der Mitte mit gehackten Pistazien garnieren.

Zitronenmarzipan-Bissen

100 Puderzucker
300 g Marzipanrohmasse
50 g ganz fein gehacktes Zitronat
1 cl Weinbrand
15 Tropfen Zitronen-Aroma
600 g Vollmilch-Kuvertüre
zum Überziehen
Halbbitter-Spritzschokolade
zum Garnieren

In eine Schüssel den Puderzucker sieben. Die Marzipanrohmasse in kleinen Stücken auf den Puderzukker legen, Zitronat, Weinbrand und Aroma dazugeben und alles zu einer Marzipanmasse anwirken. Zu einem Rechteck formen. Auf die Arbeitsfläche, vorteilhaft ist eine Marmorplatte, einen Bogen Backpapier auslegen und das Marzipan etwa 1 cm dick gleichmäßig ausrollen. In Stücke von 1,5 × 3 cm schneiden und mit kleinen Abständen auf ein mit Backpapier ausgelegtes Backblech setzen, damit sich eine Haut bilden kann. Nach gut 2 Stunden umdrehen, damit auch der Boden eine Haut bekommen kann. Nach weiteren 2 Stunden die Pralinenkörper mit auf 29–31°C temperierter Vollmilch-Kuvertüre überziehen. Sobald die Kuvertüre fest geworden ist, mit der Spritzschokolade Querlinien aufspritzen.

Pistazien-Kirsch-Marzipan

40 Vollmilch-Kuvertürebödelchen (Seite 30)
600 g Vollmilch-Kuvertüre zum Überziehen
Halbbitter-Spritzschokolade zum Garnieren
40 weiße Zuckerblümchen

Marzipanmasse
300 g Marzipanrohmasse
5 cl Schwarzwälder Kirschwasser
60 g sehr fein gehackte oder gemahlene Pistazien

Die Kuvertürebödelchen auf einem sauberen Backblech auslegen.
Die Marzipanrohmasse mit dem Kirschwasser spritzfähig verarbeiten, eventuell noch Kirschwasser nachgeben. Die Pistazien unterwirken. Die Pralinenmasse mit dem Spritzbeutel und mittelgroßer Lochtülle auf die Bödelchen kuppelförmig aufdressieren. Eine Haut ziehen lassen. Nach 3 Stunden mit der auf 29–31 °C temperierten Vollmilch-Kuvertüre überziehen. Mit der Halbbitter-Spritzschokolade einen geschwungenen Blütenstiel aufdressieren und ein weißes Zuckerblümchen an einem Ende aufsetzen.

Marzipan-Rumkugeln

Foto Seite 19

60 g Puderzucker
300 g Marzipanrohmasse
100 g Nougat
1 Beutel Rum-back
300 g Vollmilch-Kuvertüre zum Einrollen
2 Päckchen Schokoladenstreusel

Den Puderzucker sieben und die Marzipanrohmasse in Stücken daraufauflegen, grob anwirken. Den Nougat auf 30 °C temperieren und zusammen mit dem Rum-back zur Marzipanmasse geben. Alles zu einer glatten Pralinenmasse anwirken. Die Vollmilch-Kuvertüre temperieren auf 29–31 °C.
Die Pralinenmasse auf einem mit Backpapier ausgelegten Backblech 1 cm dick ausrollen. Streifen von etwa 2 cm Breite schneiden und diese in etwa 1 cm breite Stücke teilen. Diese Stücke mit der Hand zu Kugeln formen. Die Kuvertüre auf ein mit Backpapier belegtes, 30 °C warmes Backblech gießen und mit einer Palette dünn aufstreichen. Die mit der Hand geformten Kugeln über die Kuvertüre rollen, so daß sie ganz dünn mit Kuvertüre behaftet sind. Man bewegt die Kugeln am besten mit einer Pralinengabel. Darauf achten, daß nicht zuviel Kuvertüre haften bleibt. Die Kugeln in eine mit den Schokoladenstreuseln gefüllte Schale legen und die Streusel mit der Hand vorsichtig über die Kugeln heben, nicht rollen. Liegen lassen und erst nach gut ½ Stunde die fertigen Marzipan-Rumkugeln herausnehmen und in weiße Pralinenhütchen setzen.

Marzipan-Himbeer-Bissen

80 g Puderzucker
200 g Marzipanrohmasse
15 g Glykosesirup
600 g Halbbitter-Kuvertüre zum Überziehen
Halbbitter-Spritzschokolade zum Garnieren

Himbeer-Trüffelmasse
360 g Halbbitter-Kuvertüre
200 g Sahne
30 g Glykosesirup
6 cl Himbeergeist, 42 Vol.-%

Den Puderzucker sieben und mit der Marzipanrohmasse und dem Glykosesirup anwirken. Die fertige Marzipanmasse etwa 3 mm dick ausrollen und Streifen von 1,2 cm schneiden.
Die Halbbitter-Kuvertüre klein schneiden und bei ca. 30 °C auflösen. Die Sahne mit dem Glykosesirup bis kurz vorm Kochen bringen, die aufgelöste Kuvertüre zugießen und unterrühren, den Himbeergeist zugeben. Sobald die Masse spritzfähig ist, mit dem Spritzbeutel und großer Lochtülle auf die Marzipanstreifen einen runden Trüffelstreifen aufdressieren. Fest werden lassen. Dann die Streifen in 3 cm lange Stücke schneiden. Der Schnitt kann gerade oder etwas schräg ausgeführt werden. Mit auf 31–33 °C temperierter Halbbitter-Kuvertüre überziehen, trocknen lassen. Mit der Spritzschokolade Zickzacklinien auf die Pralinenkörper dressieren.

Mokkamarzipan
Foto Seite 19

100 g Puderzucker
200 g Marzipanrohmasse
1 TL Rosenwasser
600 g Vollmilch-Kuvertüre zum Überziehen
1 Päckchen Mokkabohnen zum Garnieren
Mokka-Canache
100 g Vollmilch-Kuvertüre
50 g Halbbitter-Kuvertüre
50 g Kokosfett
100 g Sahne
2 TL Instant-Kaffee

Den Puderzucker sieben, die Marzipanrohmasse in kleinen Stücken darauflegen, das Rosenwasser zufügen und alles anwirken, eine Kugel formen. In ein Handtuch einschlagen, damit sich keine Haut bildet.
Für die Canache beide Kuvertüren schneiden oder hacken, das Kokosfett in Stücke teilen. Die Sahne in einem Edelstahltopf bis kurz vorm Kochen bringen. Das Kokosfett in der heißen Sahne auflösen, dann die Kuvertüre und den Instant-Kaffee hineingeben. Mit einem Schneebesen oder dem elektrischen Handrührgerät eine homogene Masse rühren, etwas abkühlen, dabei umrühren. Die Masse soll streichfähig bleiben. Wird der Zeitpunkt versäumt, nochmals anwärmen.
Auf der Arbeitsfläche einen Bogen Backpapier auslegen und darauf die Marzipanmasse etwa 5 mm dick ausrollen. Die Mokka-Canache ebenfalls etwa 5 mm dick gleichmäßig aufstreichen. Die Canache fest werden lassen. Dann Würfel von 2 × 2 cm schneiden und etwas auseinandersetzen, damit sie rundum eine Haut bekommen. Nach etwa 2 Stunden mit auf 29–31 °C temperierter Vollmilch-Kuvertüre überziehen und auf jeden Pralinenkörper eine Mokkabohne setzen.

Marzipankugeln, mit Nougat gefüllt

100 g Puderzucker
300 g Marzipanrohmasse
2 TL Invertzuckercreme
300 g Nougat
600 g Halbbitter-Kuvertüre zum Überziehen

Den Puderzucker sieben, die Marzipanrohmasse in kleinen Stücken und die Invertzuckercreme daraufgeben. Alles zu einer Marzipanmasse anwirken. Den Nougat temperieren, so daß er formbar wird. Mit einem Teelöffel jeweils so viel Nougat abstechen, daß daraus eine Kugel von etwa 1 cm Durchmesser geformt werden kann. Diese Kugeln auf Backpapier absetzen.
Die Arbeitsfläche mit Backpapier auslegen. Die Marzipanmasse etwa 2 mm dick ausrollen. Aus der Platte viereckige Stücke 4 × 4 cm groß ausschneiden. In die Mitte jeweils eine Nougatkugel legen, die vier Ekken der Marzipanstücke nacheinander über die Nougatkugel legen, leicht andrücken und zur Kugel formen. Auf ein mit Backpapier ausgelegtes Backblech legen, 1–2 Stunden stehen lassen, damit das Marzipan eine Haut bekommt. Mit der auf 31–33 °C temperierten Halbbitter-Kuvertüre überziehen, dafür eine runde Pralinengabel verwenden.

Orangennougat

45 Halbbitter-Kuvertürebödelchen (Seite 30)
600 g Halbbitter-Kuvertüre zum Überziehen
Nougatmasse
50 g Sahne
50 g Vollmilch-Kuvertüre
50 g Halbbitter-Kuvertüre
250 g Nougat
50 g Butter
50 g sehr fein gehacktes Orangeat
25 g Kakaobutter

Die Kuvertürebödelchen auf ein sauberes Backblech legen.
Die Sahne zum Kochen bringen und von der Kochstelle nehmen. Die Kuvertüresorten klein schneiden und in der heißen Sahne auflösen. Dann den Nougat, Butter, Orangeat und die flüssige Kakaobutter zugeben und alles zu einer homogenen Masse rühren, erkalten lassen. Mit dem Spritzbeutel und mittelgroßer Lochtülle die Masse auf die Bödelchen halbkugelförmig dressieren. Fest werden lassen und dann mit auf 31–33 °C temperierter Halbbitter-Kuvertüre überziehen. Mit der runden Pralinengabel einen Ring garnieren. Dazu die Gabel auf die noch nicht erstarrte Kuvertüre aufsetzen und langsam hochziehen.

Nußmarzipan

Foto

300 g Marzipanrohmasse
100 g geröstete, gemahlene Nüsse
30 g Nougat
1 cl Haselnußlikör
0,5 cl Cognac oder Weinbrand
40 abgezogene, hell geröstete Haselnüsse
600 g Vollmilch-Kuvertüre zum Überziehen

Die Marzipanrohmasse in kleine Stücke reißen und in eine Schüssel geben. Zusammen mit den gemahlenen Nüssen, Nougat, Likör und Cognac zu einer glatten Masse anwirken und zu einem recht- oder viereckigen Stück formen. Auf der Arbeitsfläche, vorteilhaft ist eine Marmorplatte, einen Bogen Backpapier auslegen und darauf die Pralinenmasse 1 cm dick ausrollen. Mit einem runden Ausstecher von 3 cm Durchmesser Pralinenkörper ausstechen, auf Backpapier absetzen. In die Mitte der Pralinenkörper jeweils eine Haselnuß leicht eindrücken. Stehen lassen, bis das Marzipan eine Haut bekommen hat, das dauert etwa 4 Stunden. Dann die Pralinenkörper mit auf 29–31 °C temperierter Vollmilch-Kuvertüre überziehen.

Marzipan-Himbeer-Spitzen

Foto

200 g Puderzucker
300 g Marzipanrohmasse
1 TL Rosenwasser
600 g Vollmilch-Kuvertüre zum Überziehen
etwa 50 rosa Drageeperlen zum Garnieren

Himbeer-Canache
100 g Butter
50 g Kokosfett
80 g Puderzucker
3 cl Himbeergeist
1 TL Karion-F flüssig
200 g Vollmilch-Kuvertüre

Den Puderzucker sieben, die Marzipanrohmasse in kleinen Stücken auf dem Zucker verteilen, das Rosenwasser zufügen und eine Marzipanmasse anwirken. Etwa 4 mm dick ausrollen und mit einem runden Ausstecher von 3 cm Durchmesser Bödelchen ausstechen. Diese einzeln mit kleinem Abstand auf ein mit Backpapier ausgelegtes Backblech legen. Nach etwa 2 Stunden umdrehen.
Für die Himbeer-Canache die Butter und das Kokosfett in kleine Stücke schneiden und auf Raumtemperatur bringen. Mit dem gesiebten Puderzucker, Himbeergeist und Karion-F glattrühren; dann die auf 29–31 °C temperierte Vollmilch-Kuvertüre dazugeben und zu einer glatten Masse verarbeiten. Die Canache muß spritzfähig sein. Mit dem Spritzbeutel und mittelgroßer Sterntülle die Masse tropfenförmig auf die Marzipanbödelchen aufdressieren.

Sobald die Pralinenkörper fest sind, mit auf 29–31 °C temperierter Vollmilch-Kuvertüre überziehen. Auf jede Spitze eine Drageeperle setzen. Die Spitzen in farblich passende Pralinenkapseln setzen.

Nougatmarzipan

Foto

60 g Puderzucker
200 g Marzipanrohmasse
20 g Glykosesirup
10 Tropfen Vanille-Aroma
120 g Nougat
600 g Vollmilch-Kuvertüre zum Überziehen
Halbbitter-Spritzschokolade zum Garnieren

Den Puderzucker sieben, die Marzipanrohmasse in kleinen Stücken darauflegen, Glykosesirup und Vanille-Aroma zugeben und alles zu einer Marzipanmasse anwirken. Zu einem Rechteck von 10 cm Breite und 1 cm Dicke ausrollen.
Den Nougat im Wasserbad auf 30 °C temperieren, glattrühren und gleichmäßig mit einer Palette auf den Marzipanstreifen aufstreichen. Sobald der Nougat fest geworden ist, 5 Streifen von 2 cm Breite schneiden. Von den Streifen Stücke von jeweils 3 cm Länge abschneiden. Mit auf 29–31 °C temperierter Vollmilch-Kuvertüre überziehen. Ist der Überzug erstarrt, mit Spritzschokolade eine Schlangenlinie aufspritzen.

Marzipanfeigen

50 g Haselnußkrokant, fertig gekauft
250 g Marzipanrohmasse
150 g grob passiertes Feigenfleisch
3 cl Cognac
600 g Halbbitter-Kuvertüre zum Überziehen

Haselnußkrokant in einen Frischhaltebeutel geben, zubinden und mit einem Rollholz zu Staub rollen. Die Marzipanrohmasse mit dem Feigenfleisch, dem Krokantstaub und Cognac zu einer Pralinenmasse glatt verarbeiten. Die Arbeitsfläche mit Backpapier belegen und die Masse etwa 1,5 cm dick ausrollen. In Stükke von 2 × 3 cm schneiden, daraus Feigen formen. Auf Backpapier absetzen, eine Haut ziehen lassen. Mit auf 31–33 °C temperierter Halbbitter-Kuvertüre überziehen.

Ingwermarzipan

300 g Marzipanrohmasse
50 g sehr fein gehackter kandierter Ingwer
4 cl Gin, 45 Vol.-%
600 g Halbbitter-Kuvertüre zum Überziehen

Die Marzipanrohmasse mit Ingwer und Gin anwirken. Einen Bogen Backpapier auf die Arbeitsfläche legen und die Masse darauf etwa 1,2 cm dick ausrollen. Verhauten lassen. Dann die Fläche mit auf 31–33 °C temperierter Halbbitter-Kuvertüre betreichen. Die Platte

nach Festwerden der Kuvertüre umdrehen. Mit einem runden Ausstecher von 3 cm Durchmesser Pralinenkörper ausstechen. Verhauten lassen. Nach 4 Stunden mit der temperierten Halbbitter-Kuvertüre überziehen. Mit der Pralinengabel ein Muster ziehen.

Dattelmarzipan

300 g Marzipanrohmasse
100 g passiertes Dattelfleisch
2 EL Curaçao
600 g Halbbitter-Kuvertüre zum Überziehen
Vollmilch-Spritzschokolade zum Garnieren

In einer Schüssel die Marzipanrohmasse mit dem Dattelfleisch und dem Likör glatt verarbeiten. Auf die Arbeitsfläche einen Bogen Backpapier legen und die fertige Pralinenmasse darauf 1 cm dick ausrollen. Die ausgerollte Fläche mit auf 31–33 °C temperierter Halbbitter-Kuvertüre bestreichen, fest werden lassen. Backpapier auflegen und die Platte umdrehen. Jetzt Pralinenkörper von 2 × 2 cm schneiden und die Körper jeweils etwas auseinandersetzen, damit sie rundum eine Haut bekommen. Mit auf 31–33 °C temperierter Halbbitter-Kuvertüre überziehen, fest werden lassen. Mit der Spritzschokolade in die Mitte der Pralinenkörper eine Rosette aufspritzen.

Mandelnougat

100 g feingestiftelte Mandeln
75 g Vollmilch-Kuvertüre
300 g Mandelnougat
600 g Vollmilch-Kuvertüre zum Überziehen

Die Arbeitsfläche – vorteilhaft ist eine Marmorplatte – mit Backpapier belegen. Die Mandeln goldgelb rösten. Die 75 g Vollmilch-Kuvertüre auf 29–31 °C und in einer anderen Schüssel den Mandelnougat auf 29–31 °C temperieren. Beide Massen zusammengeben und glattrühren, aber nicht schaumig. Die auf etwa gleiche Temperatur abgekühlten Mandeln unterziehen. Die Masse erst nur etwas abkühlen lassen und dann auf dem Backpapier 1 cm dick ausrollen, dazu das Rollholz leicht einölen. Jetzt ganz auskühlen und erstarren lassen. Den Boden mit der temperierten Vollmilch-Kuvertüre betreichen, fest werden lassen, Backpapier auflegen und die Platte umdrehen. Die Oberfläche etwas dicker mit der temperierten Vollmilch-Kuvertüre bestreichen. Das geht am besten so: die Kuvertüre aus der Schüssel in die Mitte über die ganze Platte gießen und mit der Palette gleichmäßig aufstreichen. Mit einem Kammhörnchen Schlangenlinien ziehen. Sobald der Schokoladenüberzug ganz fest geworden ist, Pralinenkörper von 2 × 3 cm schneiden. Das Messer dabei immer wieder in heißes Wasser tauchen. Vor dem Schneiden das noch anhaftende Wasser schnell an einem Handtuch abwischen.

Schichtnougat

Foto Seite 50/51

400 g Mandelnougat
400 g Nußnougat
80 g Kakaobutter
600 g Halbbitter-Kuvertüre
zum Überziehen

Ein Backblech mit Backpapier auslegen. Die Nougatsorten getrennt in Edelstahlschüsseln auf 30 °C temperieren. Die Kakaobutter ebenfalls temperieren, je zur Hälfte in den Mandelnougat und in den Nußnougat geben, jeweils glatt verarbeiten. Auf dem Backpapier eine Fläche von 10 × 16 cm aufzeichnen. Darauf eine erste Schicht Nußnougat 4 mm dick gleichmäßig aufstreichen, anziehen lassen. Dann eine 4 mm dicke Schicht Mandelnougat aufstreichen und so weiter, bis von jeder Nougatsorte 4 Schichten aufgestrichen sind. Fest werden lassen. Auf die letzte Mandelnougatschicht mit auf 31–33 °C temperierter Halbbitter-Kuvertüre den Boden mit einer Palette aufstreichen. Fest werden lassen. Die Schichtnougatplatte umdrehen. Die Oberfläche mit der temperierten Halbbitter-Kuvertüre dick einstreichen und mit einem Kammhörnchen Schlangenlinien über die ganze Fläche ziehen, gut 1 Stunde stehen lassen. Dann in der Länge 3 Streifen schneiden, von diesen anschließend Scheiben von etwa 1,5 cm Stärke abschneiden. Das Messer sollte dabei immer eine gut warme Klinge haben (in heißes Wasser tauchen), damit der Kuvertüre-Überzug nicht reißt.

Haselnußnougat

Foto Seite 50/51

100 g Haselnüsse
200 g Nougat
30 g Kakaobutter
600 g Vollmilch-Kuvertüre
zum Überziehen
Halbbitter-Spritzschokolade
zum Garnieren

Die Haselnüsse im Backofen rösten, die Schalen in einem Handtuch abreiben, die Nüsse abkühlen lassen, dann fein mahlen. Den Nougat auf 30 °C temperieren, die Kakaobutter ebenfalls und beide miteinander glatt verarbeiten. Zum Schluß die gemahlenen Haselnüsse unterziehen. Etwas anziehen lassen. Ein Backblech mit Backpapier auslegen und die Nougatmasse etwa 1 cm dick darauf ausrollen, das Rollholz dafür etwas ölen. Sobald die Masse ganz fest geworden ist, Stücke von 1,5 × 3 cm schneiden. Mit auf 29–31 °C temperierter Vollmilch-Kuvertüre überziehen. Mit Halbbitter-Spritzschokolade ein N aufdressieren.

Fruchtmarzipan

Foto Seite 50/51

50 g Puderzucker
1 EL Kakaopulver
240 g Marzipanrohmasse
15 g Honig, 2 cl Gin
20 g sehr fein gehackte Pistazien
30 g feingehackte, kandierte
Belegkirschen, rot, gelb und grün
600 g Halbbitter-Kuvertüre
zum Überziehen

Puderzucker mit dem Kakao in eine Schüssel sieben, die Marzipanmasse in kleine Stücke reißen und in die Schüssel geben, dazu den Honig, Gin, Pistazien und die Belegkirschen. Die Zutaten zu einer Masse anwirken. Auf einem mit Backpapier ausgelegten Backblech zu einem Rechteck von 10 cm Breite und 2 cm Dicke ausrollen, die Seiten mit einem Lineal senkrecht formen, 1 Stunde stehen lassen. Nicht abdecken! So können die Flächen verhauten. Zuerst den Boden, der jetzt oben liegt, mit auf 31–33 °C temperierter Halbbitter-Kuvertüre einstreichen. Dazu einen Teil der Kuvertüre auf die Fläche gießen und mit einer Palette aufstreichen. Die Seiten nicht mitbestreichen. Sobald die Kuvertüre fest geworden ist, 5 Streifen von 2 cm Breite aus dem Rechteck schneiden. Dafür das Messer in heißes Wasser tauchen, damit der Schnitt in der Kuvertüreschicht einwandfrei wird. Danach die Streifen umdrehen, so daß der Kuvertüreboden nach unten kommt. Auf das Pralinengitter setzen, die Oberfläche und die Seiten überziehen und die Kuvertüre fest werden lassen. Von den Streifen dann 1 cm breite Scheiben abschneiden.

Pralinen

Marzipan-Blutorangengelee-Pralinen
Foto Seite 2

Blutorangengelee
500 g Blutorangen
75 g Glykosesirup
150 g Gelierzucker
3 cl Orangensirup
6 Blatt weiße Gelatine oder
1 Päckchen gemahlene Gelatine
Butter für das Blech
90 g Puderzucker
300 g Marzipanrohmasse
15 g Glykosesirup
600 g Vollmilch-Kuvertüre
zum Überziehen
roter Zucker zum Dekorieren

Die Orangen schälen, in Viertel teilen, so daß sie gut durch den Schacht der Saftzentrifuge gleiten. Klaren Orangensaft auspressen. Vom Saft 375 g (⅜ l) in einen Kochtopf schütten, Glykosesirup, Gelierzucker und Orangensirup dazugeben. Der Kochtopf sollte nur knapp zur Hälfte gefüllt sein, da die Geliermasse beim Kochen sehr stark steigt. Bei mittlerer Hitze unter öfterem Umrühren zum Kochen bringen. Sobald die Geleemasse anfängt, über die ganze Oberfläche zu brodeln, noch 2 Minuten kochen lassen. Steigt die Masse zu stark an, den Topf etwas anheben. Die Masse fällt dann zurück, ohne mit dem Kochen aufzuhören. Wieder auf die Kochfläche zurückstellen. Nach 2 Minuten den Topf vom Herd nehmen. Die Gelatine in dem restlichen Orangensaft einweichen (sollte Flüssigkeit fehlen, etwas Wasser zugeben), warm auflösen. Wenn die von der Kochstelle abgenommene Geleemasse nicht mehr brodelt, die lauwarme Gelatine unterrühren. Ein Aluausstellblech mit einer 2 cm hoch mehrfach gefalteten Alufolie 20 × 25 cm abteilen. Die eingeteilte Fläche mit Butter einfetten, auch die Ränder. Die Geleemasse daraufgießen, sie sollte wenigstens 6 Stunden abstehen. Es schadet nicht, wenn sie über Nacht stehen bleibt, dann jedoch mit Frischhaltefolie abdecken. Die Folie so über das ganze Blech ziehen, daß sie nicht mit dem Gelee in Berührung kommt.
Für den Marzipanboden den Puderzucker sieben, die Marzipanrohmasse in kleine Stücke reißen und auf den Zucker legen. Den Glykosesirup dazugeben und alles zu einer Masse anwirken. Bleibt das fertige Marzipan auch über Nacht liegen, muß es fest in ein Handtuch oder eine Frischhaltefolie eingeschlagen werden, damit es keine Haut ziehen kann. Das Marzipan etwa 3 mm dick ausrollen und auf das Orangengelee legen, über die ganze Fläche vorsichtig andrücken. Nun 2–3 Stunden stehen lassen, damit das Marzipan verhautet. Danach einen Bogen Backpapier auf den Marzipanboden legen, das Gelee mit einem Küchenmesser vorsichtig vom Blechrand lösen und auf ein anderes Blech stürzen. Jetzt mit einem runden Ausstecher von 3 cm Durchmesser die Pralinenkörper ausstechen. Den Ausstecher dabei feucht halten, indem er kurz in Wasser eingetaucht wird. Die ausgestochenen Pralinenkörper mit jeweils etwas Abstand auf ein mit Backpapier ausgelegtes Backblech setzen. Mit auf 29–31 °C temperierter Vollmilch-Kuvertüre überziehen und mit rotem Zucker dekorieren.

Hinweis
Wer keinen »Abfall« haben möchte, der zwangsläufig durch das Ausstechen entsteht, kann viereckige Pralinenkörper von 2 × 2 cm schneiden. Überziehen und Dekorieren wie bei den runden Pralinenkörpern.

Marzipan-Kirsch-Nougat
Foto Seite 2

50 in Schwarzwälder Kirschwasser eingelegte Kirschen
60 g Puderzucker
200 g Marzipanrohmasse
200 g Nougat
30 g Kakaobutter
100 g Butter
1 TL Karion-F flüssig
600 g Halbbitter-Kuvertüre
zum Überziehen
weiße Zuckerblüten
zum Garnieren

Die Kirschen aus dem Kirschwasser herausnehmen, abtropfen lassen und entsteinen. Danach klein schneiden, beiseite stellen, aber fest abdecken. Den Puderzucker sieben und mit der Marzipanrohmasse anwirken, 4 mm dick und 20 × 15 cm groß ausrollen. Den Nougat auf 25 °C temperieren, mit der flüssigen Kakaobutter, Butter und Karion-F zu einer homogenen Masse arbeiten. Zum Schluß die kleingehackten Kirschen unterziehen und die Masse auf den Marzipanboden aufstreichen, ganz fest werden lassen. Pralinenkörper von 2 × 3 cm schneiden. Dann mit der auf 31–33 °C temperierten Halbbitter-Kuvertüre überziehen. Auf jeden Pralinenkörper eine weiße Zuckerblüte aufsetzen.

52

Pralinen

Marzipan-Erdbeergelee-Pralinen

Erdbeergelee
6 g Agar-Agar-Pulver
500 g Wasser
450 g Zucker
250 g Glykosesirup
150 g Erdbeermark
(kann aus TK-Erdbeeren
passiert werden)
Weinsteinsäure oder Zitronen-
saft zum Abschmecken
100 g Puderzucker
400 g Marzipanrohmasse
200 g feiner Zucker
zum Einstreuen

Ein Alukarree oder Aluausstellblech mit Butter ausfetten. Agar-Agar in dem Wasser einweichen, mit einem Holzlöffel umrühren und zum Kochen bringen. Den beim Kochen entstehenden Schaum mit einem Schaumlöffel abnehmen. Jetzt Zukker, Glykosesirup und Erdbeermark hinzugeben und alles bis 106 °C kochen. Mit Weinsteinsäure oder Zitronensaft abschmecken. Die fertige Geleemasse etwa 1 cm dick auf das Alublech ausgießen. Wird ein Backblech genommen, müssen die offenen Seiten mit mehrfach gefalteter Alufolie geschlossen werden. Die Geleemasse fest werden lassen. Wenn es schneller gehen soll, das Alublech in den Kühlschrank stellen.

Während die Geleemasse absteift, den Puderzucker sieben und mit der Marzipanrohmasse anwirken. Sobald die Geleemasse ausgekühlt und fest geworden ist, vom Marzipan auf Backpapier eine Platte etwa 3 mm dick und etwas größer als die Geleefläche ausrollen und auf das Gelee auflegen, vorsichtig andrükken. Jetzt das Ganze stürzen. Die Oberfläche mit dem Zucker bestreuen und Stücke von 2 × 2 cm schneiden oder mit einem runden Ausstecher von 3 cm Durchmesser oder einem anderen figürlichen Ausstecher, z.B. eine Herzform, Pralinen ausstechen.

Variation

Das Gelee kann bei sonst gleichen Zutaten auch mit Himbeermark oder Brombeermark statt mit Erdbeermark hergestellt werden.

Orangenmarzipan-Nougat-Würfel

250 g Marzipanrohmasse
25 g ganz fein gehacktes
Orangeat
2 cl Cointreau
200 g Mandelnougat
20 g Kakaobutter
600 g Halbbitter-Kuvertüre
zum Überziehen

Unter die Marzipanrohmasse Orangeat und Cointreau wirken und auf einem mit Backpapier belegtem Backblech etwa 7 mm dick zu einem Viereck ausrollen. Mandelnougat und Kakaobutter getrennt auf 30 °C temperieren und dann miteinander zu einer streichfähigen Masse verrühren. Die Nougatmasse mit einer Palette auf das Marzipanviereck auftragen, gut 2 Stunden abstehen lassen. In Würfel von 2 × 2 cm schneiden. Mit der auf 31–33 °C temperierten Halbbitter-Kuvertüre überziehen.

Honignougat

60 Halbbitter-
Kuvertürebödelchen
(Seite 30)
600 g Vollmilch-Kuvertüre
zum Überziehen
Halbbitter-Spritzschokolade
zum Garnieren
Nougatmasse
100 g Bienenhonig
80 g Butter
200 g Nußnougat
250 g Halbbitter-Kuvertüre

Die Kuvertürebödelchen auf ein sauberes Backblech legen.

Den Honig auflösen und erkalten lassen. Dann mit der Butter und dem auf 30 °C temperierten Nougat glatt verarbeiten. Die temperierte Halbbitter-Kuvertüre dazulaufen lassen und alles zu einer homogenen Masse glattrühren. Mit dem Spritzbeutel und mittelgroßer Lochtülle halbrund auf die Bödelchen dressieren. Fest werden lassen und dann mit auf 29–31 °C temperierter Vollmilch-Kuvertüre überziehen. Mit der Halbbitter-Spritzschokolade ein Gitter auf die Pralinenkörper dressieren.

1

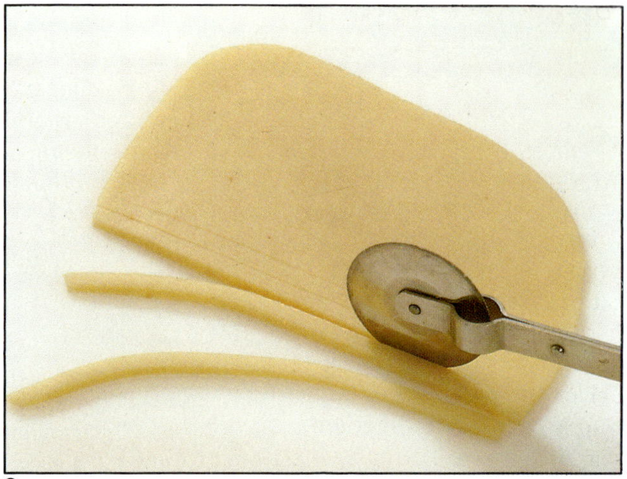

2

3 ▽ **5**

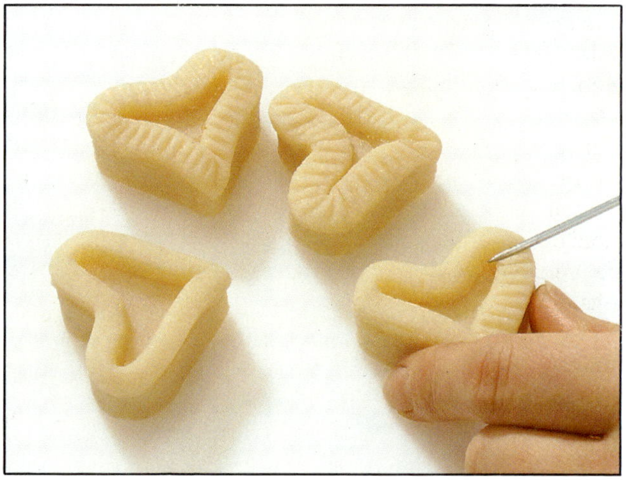

4 ▽ **6**

KÖNIGSBERGER MARZIPAN

Königsberger Marzipan unterscheidet sich von anderen Marzipanmassen nach den Zutaten und Verfahrenstechniken. Es wird nach dem Formen abgeflämmt und danach mit Gummiarabikum abgeglänzt. Anstelle von Gummiarabikum kann Kakaobutter verwendet werden.

Bei der Zubereitung und Verarbeitung ist ganz besonders auf Sauberkeit zu achten. Arbeitsfläche, Tisch oder Marmorplatte sowie Rollholz, Ausstecher, Messer und Modellierhölzer dürfen keine Rückstände von Mehl oder Mehlstaub haben. Dies wäre die Voraussetzung, daß das Marzipan früher oder später zu gären anfängt. Auch nicht mit schwitzenden oder unsauberen Händen Marzipanarbeiten ausführen, kleinste Verunreinigungen bewirken bereits das Gären.

So wird der Marzipan angewirkt: Puderzucker auf die Arbeitsfläche, wenn möglich eine Marmorplatte, sieben, die Rohmasse in kleinen Stücken dazugeben. So läßt sich die Masse leichter anwirken. Dabei die Masse keinesfalls reiben, dabei würde Wärme entstehen und die Marzipanmasse ölig werden. Mit den Fingern vergreifen und dann unterwirken, so bekommt man gutes Marzipan.

Königsberger Marzipanherzen

Fotos

80 g Puderzucker
400 g Marzipanrohmasse
1 Eiweiß, verquirlt
1 Eigelb, verquirlt
Eiweißglasur aus 1 Eiweiß und 40–50 g Puderzucker

Den Puderzucker auf die Arbeitsfläche sieben, die Marzipanrohmasse in kleinen Stücken daraufgeben und anwirken.

1 Auf die Arbeitsfläche einen Bogen Backpapier legen und darauf die Marzipanmasse etwa 1 cm dick ausrollen. Mit dem Herzausstecher 3 cm Durchmesser Herzen ausstechen. Die Herzen auf ein mit Backpapier ausgelegtes Backblech legen.

2 Für den Rand die Marzipanmasse etwa 5 mm dick ausrollen. Mit einem Teigrädchen Streifen von etwa 3 mm Breite ausradeln.

3 Mit dem Eiweiß die Ränder der Herzen anstreichen – dabei darf kein Eiweiß herunterlaufen – und die Streifen auf die Herzen bündig mit dem Rand legen.

4 Mit einer Stricknadel Vertiefungen auf den Streifen drücken.

5 Das Eigelb mit einem Pinsel auf die eingekerbten Streifen streichen. An den Rändern darf kein Eigelb herablaufen. Die Herzen auf ein mit Backpapier ausgelegtes Backblech setzen. Den Backofen auf 220 °C aufheizen und die Marzipanherzen auf der oberen Schiene so lange abflämmen (überbacken), bis die Randstreifen zu bräunen anfangen. Dann sofort aus dem Ofen nehmen und kalt werden lassen.

6 Puderzucker sieben und mit dem Eiweiß eine Eiweißglasur verrühren. Mit einem Spritzbeutel – aus Pergament- oder Backpapier selbst gefertigt – die Eiweißglasur in die Mitte der Herzen dressieren, diesen Hohlraum ganzflächig ausfüllen, jedoch in der Höhe nur bis zur Hälfte des aufgelegten Streifens. Auf dem Bild werden rote und grüne Früchte aufgelegt (es können aber auch Belegfrüchte und Angelika entsprechend geschnitten und zu Blumen zusammengesetzt werden).

Hinweis

Die fertigen Marzipanherzen, wenn sie länger aufbewahrt werden sollen, dünn mit flüssiger Kakaobutter (60 g) oder mit Gummiarabikum bestreichen. Werden die Marzipanherzen bald verzehrt, kann man auf das Abglänzen verzichten.

Königsberger Konfekt

Auch Königsberger Randmarzipan genannt

80 g Puderzucker
400 g Marzipanrohmasse
1 Eigelb, verquirlt
60 g Kakaobutter
oder Gummiarabikum

Den Puderzucker sieben, die Marzipanrohmasse in Stücken darauflegen und anwirken. Auf die Arbeitsfläche einen Bogen Backpapier legen und darauf die Marzipanmasse etwa 1 cm dick ausrollen. Streifen von 1,5 cm schneiden oder mit einem Teigroller ausrollen.

Für Brötchen: 2,5 cm Stücke abschneiden und mit einem Modellierholz die Brötchen formen. Sie sollen eine Höhe von 1,5 cm haben.

Für ein S: Die Dicke des Streifens auf 0,5 cm mit dem Rollholz abrollen, die Breite des Streifens auf 1,5 cm schneiden, die Länge 7 cm. Daraus S formen. Die Höhe des S soll 1,5 cm betragen. Die angegebenen Höhen sind für das Abflämmen wichtig.

Für Brezeln: Die für das S geschnittenen Streifen werden auch für das Formen kleiner Brezeln genommen. Die Abmessungen sind die gleichen.

Das gefertigte Konfekt wird auf ein mit Backpapier ausgelegtes Backblech gelegt, jeweils nur die Oberfläche mit verquirltem Eigelb bestreichen. An den Rändern darf kein Eigelb herunterlaufen. Den Backofen auf 220 °C aufheizen. Das Blech mit dem Konfekt auf die oberste Schiene stellen und abflämmen.

Sobald sich das Konfekt hellbraun verfärbt, sofort aus dem Ofen nehmen. Mit flüssiger Kakaobutter oder Gummiarabikum bestreichen.

Variation

Königsberger Ananas-Konfekt: Es braucht bei der Fertigung etwas mehr Zeit und Mühe.

Zuerst das Marzipan 2 cm dick ausrollen. Mit einem Ausstecher von 2,5 cm Durchmesser runde Böden ausstechen. Mit einem spitzen Messer oder einem Modellierholz eine Vertiefung von etwa 0,5 cm einmodellieren (am besten vorher einen Kreis abstecken, der den Rand berücksichtigt). Das dabei herausgeschnittene Marzipan zur Seite oder zur eventuell noch vorhandenen Restmasse geben. Hat man den Hohlraum geschaffen, den Rand mit einer Stricknadel gleichmäßig einkerben und mit verquirltem Eigelb bestreichen. Die Marzipantörtchen auf ein mit Backpapier ausgelegtes Backblech setzen. Den Ofen auf 220 °C aufheizen und abflämmen. Sobald der Rand hellbraun wird, umgehend aus dem Ofen nehmen. Ananaskonfitüre (150 g) passieren, aufkochen, abkühlen lassen und in die Marzipantörtchen einfüllen. Die Oberfläche der Törtchen dünn mit Gummiarabikum oder Kakaobutter bestreichen.

Königsberger Marzipanbrote

100 g Puderzucker
500 g Marzipanrohmasse
1/2 Tl Rosenwasser
10 Tropfen Karion-F flüssig
1 Eigelb
60 g Kakaobutter
oder Gummiarabikum

Den Puderzucker sieben, die Marzipanrohmasse in kleine Stücke teilen und zusammen mit dem Rosenwasser und Karion-F auf den Puderzucker gegen und alles zum Marzipan anwirken. Eine Rolle von 5 cm Durchmesser formen und 20 Stücke à 30 g abwiegen. Aus diesen Stücken etwa 2 cm dicke, längliche Brote modellieren. Mit einem Messerrücken oder Modellierholz an beiden Enden der Brote Einschnitte eindrücken, wie sie der Bäcker beim Weiß- oder Mischbrot macht. Auf ein mit Backpapier ausgelegtes Backblech legen. Das Eigelb verquirlen und die Brote damit dünn bestreichen, antrocknen lassen. Den Backofen auf 220 °C vorheizen. Das Backblech auf die oberste Schiene stellen und die Brote abflämmen, bis sie zu bräunen beginnen. Dann sofort aus dem Ofen nehmen. Abkühlen lassen und mit flüssiger Kakaobutter oder Gummiarabikum dünn bestreichen.

Pralinen

Königsberger Fruchttörtchen

140 g Puderzucker
600 g Marzipanrohmasse
1/2 Tl Rosenwasser
12 Tropfen Karion-F flüssig
1 Eiweiß
1 Eigelb
80 g Kakaobutter
oder Gummiarabikum
Füllung
150 g Erdbeerkonfitüre
80 g Fondant
Kirschwasser, 42 Vol.-%

Den Puderzucker sieben, die Marzipanrohmasse in kleinen Stücken daraufgeben und zusammen mit dem Rosenwasser und Karion-F zum Marzipan anwirken. Ein Rechteck formen. Zwei Drittel davon abnehmen und auf Backpapier etwa 1,5 cm dick gleichmäßig ausrollen. Mit einem runden Ausstecker von 4 cm Durchmesser Scheiben ausstechen. Mit etwas Abstand auf ein mit Backpapier ausgelegtes Backblech legen. Die Reste zum letzten Drittel geben, zusammenwirken und etwa 1 cm dick ausrollen. Mit dem Ausstecher von 4 cm Durchmesser erneut Scheiben ausstechen. Mit einem runden Ausstecher von 3 cm Durchmesser die Mitte der Scheiben ausstechen, so daß Ringe von 0,5 cm entstehen. Die Marzipanreste wieder zusammenwirken und nochmals Scheiben und dann die Ringe ausstechen. Das Eiweiß verquirlen und die Kanten der auf dem Blech liegenden Scheiben bestreichen, die Ringe aufsetzen. Mit einer Stricknadel sauber und gleichmäßig Querrillen in die Ringe eindrücken. Das Eigelb verquirlen und nur die aufgesetzten Ringe dünn damit bestreichen. Antrocknen lassen. Den Backofen auf 220 °C vorheizen. Das Backblech auf die oberste Schiene stellen und die Törtchen abflämmen. Sobald die Ringe zu bräunen beginnen, sofort aus dem Ofen nehmen. Abkühlen lassen. Den Ring mit Gummiarabikum oder flüssiger Kakaobutter dünn bestreichen.

Die Erdbeerkonfitüre passieren und kurz aufkochen, wieder abkühlen lassen. Anschließend mit einem Teelöffel jedes Törtchen bis etwa 1 mm unter den Rand füllen. Den Fondant auf 35 °C erwärmen, mit Kirschwasser aromatisieren und mit einem Teelöffel auf die Konfitüre auftragen.

Variationen für die Füllung

Nougatfüllung: 30 halbe, in Kirschwasser eingelegte Belegkirschen gut abtropfen lassen und in jedes Törtchen eine halbe Kirsche legen. 150 g Nougat in eine Schüssel geben und auf dem Wasserbad weich werden lassen. Mit 30 g flüssiger Kakaobutter spritzfähig machen. Eine Spritztüte aus Backpapier drehen und damit den Nougat in die Marzipantörtchen dressieren, dabei die halbe Belegkirsche voll abdecken.

Kuvertürefüllung: Anstelle des Nougat 150 g Halbbitter- oder Vollmilchkuvertüre nehmen. Halbbitter-Kuvertüre zum Einfüllen auf 31–33 °C, Vollmilchkuvertüre auf 29–31 °C temperieren.

Bethmännchen

400 g Marzipanrohmasse
40 g Puderzucker
2 TL Rosenwasser
1 TL Karion-F flüssig
70 g halbe weiße Mandeln
10 g Gummiarabikum
70 g Wasser

Die Marzipanrohmasse mit dem gesiebten Puderzucker, Rosenwasser und Karion-F anwirken. Das fertige Marzipan in 15 g schwere Stücke abwiegen und daraus Kugeln formen. Die halben Mandeln in Wasser legen und an jede Kugel 3 halbe Mandeln seitlich andrücken. Die Bethmännchen auf ein mit Backpapier ausgelegtes Backblech setzen und im vorgeheizten Backofen auf der obersten Schiene hellbraun abflämmen. Da dies sehr schnell geht, das Flämmen beobachten. Sobald der gewünschte Farbton erreicht ist, das Backblech sofort aus dem Ofen herausnehmen.

Abflämmzeit   8–10 Minuten
Elektroherd   210 °C
Gasherd Stufe 4
Heißluftherd   nicht möglich

Gummiarabikum im heißen Wasser auflösen und aufkochen. Sofort nach dem Abflämmen die Bethmännchen dünn mit Gummiarabikum abglänzen. Wer Lust hat, kann den Bethmännchen einen Fuß aus temperierter Halbbitter-Kuvertüre geben: einfach eintunken und trocknen lassen.

1

2

3 ▽ 5

4 ▽ 6

TRÜFFEL

Rumtrüffel
Fotos

150 g Vollmilch-Kuvertüre
150 g Halbbitter-Kuvertüre
100 g Sahne
7 cl Rum, 54 Vol.-%
50 g Butter
50 g Kokosfett
2 Päckchen Schokoladenstreusel

Zunächst beide Sorten Kuvertüre klein schneiden, in eine Schüssel geben und im Wasserbad flüssig werden lassen. Die Temperatur der Kuvertüre sollte nicht über 40 °C steigen.

1 Die Sahne zusammen mit dem Rum in einem Topf erhitzen, jedoch nicht zum Kochen bringen.

2 Die Butter und das Kokosfett in der heißen Sahne auflösen.

3 Die flüssige Kuvertüre zur Sahne gießen und mit einem Schneebesen zu einer homogenen Masse rühren.

4 Ein Alublech, am besten ein Alu-ausstellblech mit Kanten, mit Frischhaltefolie auslegen. Die Masse daraufgießen und mit einer Palette gleichmäßig verstreichen. Mit einer Frischhaltefolie abdecken und 24 Stunden stehen lassen.

5 Die Masse in Streifen, diese in Stücke schneiden und daraus mit der Hand Kugeln formen.

6 Die Schokoladenstreusel in eine flache Schüssel geben. Nach dem Formen die Kugeln auf die Schokoladenstreusel legen, aber nicht wälzen, sondern mit der Hand die Streusel darüberstreuen. In weiße Pralinenhütchen setzen.

Grand-Marnier-Trüffel

50 Halbbitter-Kuvertürebödelchen (Seite 30)
150 g Sahne
15 g Glykosesirup
240 g Vollmilch-Kuvertüre
60 g Halbbitter-Kuvertüre
4 cl Grand Marnier
600 g Halbbitter-Kuvertüre zum Überziehen
Schokoladenraspel zum Garnieren

Die Kuvertürebödelchen auf ein Backblech legen.

Die Sahne mit dem Glykosesirup aufkochen. Von der Kochstelle nehmen und die zerkleinerte Kuvertüre in die heiße Sahne geben, auflösen und dabei umrühren. Grand Marnier zugießen und alles zu einer homogenen Masse rühren. Anziehen lassen, bis die Masse spritzfähig geworden ist. Mit dem Spritzbeutel und der großen Lochtülle auf die Bödelchen Halbkugeln dressieren, fest werden lassen. Anschließend mit der auf 31–33 °C temperierten Halbbitter-Kuvertüre überziehen. Mit Schokoladenraspeln bestreuen.

Maraschinotrüffel
Foto Seite 50/51

40 g Puderzucker
150 g Butter
1 TL Karion-F flüssig oder
1 TL Invertzuckercreme
350 g Halbbitter-Kuvertüre
7 cl Maraschino
600 g Vollmilch-Kuvertüre zum Überziehen
Vollmilch-Spritzschokolade zum Garnieren

Den Puderzucker in eine Schüssel sieben, mit der Butter und Karion-F schaumig rühren. Die Halbbitter-Kuvertüre klein schneiden, auf dem Wasserbad auflösen und abgekühlt, aber noch flüssig zusammen mit dem Maraschino zur Buttermasse geben. Alles zu einer homogenen, spritzfähigen Pralinenmasse, auch Canache genannt, rühren. Ein Backblech mit Backpapier auslegen. Die fertige Masse mit einem Spritzbeutel und einer mittelgroßen Lochtülle in längliche Stücke von etwa 3 cm auf das Backblech dressieren. Die Pralinenkörper fest werden lassen. Dann mit auf 29–31 °C temperierter Vollmilch-Kuvertüre überziehen. Nach Festwerden des Überzugs mit Vollmilch-Spritzschokolade unregelmäßig Linien über die Breite der Pralinenkörper aufspritzen.

Himbeergeist-Butter-Trüffel

50 Halbbitter-Kuvertürebödelchen (Seite 30)
300 g Vollmilch-Kuvertüre
150 g Butter
45 g Puderzucker
7 cl Himbeergeist
600 g Halbbitter-Kuvertüre zum Überziehen
30 g Zuckerstreusel (Gebäckschmuck)

Die Kuvertürebödelchen mit jeweils etwas Abstand auf ein sauberes Backblech legen. Die Vollmilch-Kuvertüre auf 29–31 °C temperieren. Die Butter mit dem Puderzucker in einer Schüssel schaumig schlagen. Den Himbeergeist nach und nach dazugeben und dann die temperierte Vollmilch-Kuvertüre unterziehen. Die Schüssel auf ein warmes – nicht heißes – Wasserbad stellen, damit die Pralinenmasse spritzfähig bleibt. Mit dem Spritzbeutel und großer Lochtülle Halbkugeln auf die Bödelchen dressieren, fest werden lassen. Die Halbbitter-Kuvertüre auf 31–33 °C temperieren und die Pralinen damit überziehen. Auf die Mitte jeder Praline etwas Zuckerstreusel streuen.

Himbeertrüffel

125 g Sahne
25 g Butter
50 g passierte Himbeerkonfitüre
250 g Halbbitter-Kuvertüre
3 cl Himbeergeist, 42 Vol.-%
600 g Halbbitter-Kuvertüre zum Überziehen

Aluausstellblech oder ein Backblech mit Backpapier auslegen. Eine Alufolie zu einem Streifen von etwa 1 cm Höhe mehrfach falten und damit ein Drittel auf dem Blech abteilen. In dieses Drittel wird die fertige Pralinenmasse eingefüllt.

Die Sahne bis zum Kochen bringen, die Butter darin auflösen, dann die Himbeerkonfitüre zugeben und alles zusammen kurz aufkochen. Von der Kochstelle nehmen. Die bereits aufgelöste Kuvertüre zugießen, den Himbeergeist zugeben, alles mit dem Schneebesen zu einer homogenen Masse rühren und auf das abgeteilte Blech etwa 1 cm hoch füllen. Mit einer Palette glattstreichen und erkalten lassen. Die Halbbitter-Kuvertüre auf 31–33 °C temperieren und die erstarrte Trüffelmasse dünn damit bestreichen, fest werden lassen. In Stücke von 1,5 × 3 cm schneiden. Mit der temperierten Halbbitter-Kuvertüre überziehen. Die mit Kuvertüre bestrichene Seite der Pralinenkörper dabei umdrehen, so daß sie auf der Pralinengabel liegt. Mit den Zinken der Pralinengabel Querstriche auf der Oberfläche anbringen.

Himbeer-Johannisbeer-Trüffel

60 Vollmilch-Kuvertürebödelchen (Seite 30)
350 g Vollmilch-Kuvertüre
150 g Butter
40 g Puderzucker
30 g Johannisbeersirup
40 g Himbeersirup
600 g Halbbitter-Kuvertüre zum Überziehen
je 30 kleine weiße und rote Zuckerblümchen zum Garnieren

Die Kuvertürebödelchen mit jeweils etwas Abstand auf ein sauberes Backblech legen. Die Vollmilch-Kuvertüre auf 29–31 °C temperieren. Die Butter mit dem Puderzucker in einer Schüssel schaumig schlagen. Die Sirups nach und nach dazugeben, dann die temperierte Vollmilch-Kuvertüre unterziehen. Die Schüssel auf ein warmes – nicht heißes – Wasserbad stellen, damit die Masse spritzfähig bleibt. Mit dem Spritzbeutel und großer Lochtülle Halbkugeln auf die Bödelchen dressieren, fest werden lassen. Die Halbbitter-Kuvertüre auf 31–33 °C temperieren und die Pralinenkörper damit überziehen. Auf jede Praline ein Zuckerblümchen aufsetzen.

Cognac-Mandel-Rollen

120 g gehackte Mandeln
150 g Sahne
50 g Butter
100 g Vollmilch-Kuvertüre
300 g Halbbitter-Kuvertüre
4 cl Cognac
600 g Vollmilch-Kuvertüre
zum Überziehen

Ein Backblech mit Backpapier belegen. Die gehackten Mandeln auf einem Backblech bei 180 °C goldgelb rösten. Die Sahne mit der Butter kochen, von der Kochstelle nehmen und die beiden zerkleinerten Kuvertüresorten in der heißen Sahne auflösen. Den Cognac dazugießen und alles glattrühren. Die Masse anziehen lassen, bis sie spritzfähig geworden ist. Dann sofort mit einem Spritzbeutel und großer Sterntülle etwa 1,5 cm dicke Streifen auf das Backpapier dressieren. Die gerösteten Mandeln auf der Oberfläche der Stangen verteilen und leicht andrükken. Sie sollen überstehen und eine rauhe Oberfläche abgeben. Stehen lassen, bis die Stangen ganz fest geworden sind. Dann mit dem Messer in 2,5 cm lange Stücke schneiden. Mit der auf 29–31 °C temperierten Vollmilch-Kuvertüre überziehen.

Orangentrüffel

50 Halbbitter-Kuvertüreböndelchen (Seite 30)
100 g Sahne
140 g Halbbitter-Kuvertüre
70 g Vollmilch-Kuvertüre
60 g Mandelnougat
50 g Butter
30 g Orangensirup
30 g Orangeat
600 g Halbbitter-Kuvertüre zum Überziehen
Vollmilch-Spritzschokolade und 50 kleine, gelbe Zuckerblümchen zum Garnieren

Die Kuvertüreböndelchen auf ein mit Backpapier ausgelegtes Backblech legen. Die Sahne kochen, von der Kochstelle nehmen und die beiden zerkleinerten Kuvertüresorten in der heißen Sahne auflösen, dabei unterrühren. Den Mandelnougat auf 30 °C temperieren und mit der Butter verrühren. Anschließend zur Schokoladenmasse geben, gut verrühren. Zum Schluß den Orangensirup und das feingehackte Orangeat zugeben. Alles zu einer homogenen Masse rühren. Sobald die Masse spritzfähig ist, mit dem Spritzbeutel und großer Lochtülle die Masse halbkugelförmig auf die Bödelchen dressieren, fest werden lassen. Anschließend mit auf 31–33 °C temperierter Halbbitter-Kuvertüre überziehen. Mit der Vollmilch-Spritzschokolade eine Spirale aufdressieren und ein Zuckerblümchen auflegen.

Nußtrüffel

50 Halbbitter-Kuvertüreböndelchen (Seite 30)
50 Haselnüsse
150 g Sahne
20 g Glykosesirup
130 g Vollmilch-Kuvertüre
170 g Halbbitter-Kuvertüre
60 g Nougat
45 g Butter
600 g Vollmilch-Kuvertüre zum Überziehen

Die Bödelchen auf ein mit Backpapier ausgelegtes Backblech legen. Die Haselnüsse auf einem Backblech bei 180 °C im Ofen goldgelb rösten. Die Sahne mit dem Glykosesirup aufkochen. Von der Kochstelle nehmen und die beiden kleingeschnittenen Kuvertüresorten in der heißen Sahne gut verrühren. Den Nougat auf 30 °C temperieren und mit der Butter vermischen. Zur Kuvertüre-Sahne-Masse geben und alles zu einer homogenen Masse rühren. Die Masse anziehen lassen, bis sie spritzfähig ist, dann mit dem Spritzbeutel und großer Lochtülle kuppelförmig auf die Bödelchen dressieren, fest werden lassen. Mit der auf 29–31 °C temperierten Vollmilch-Kuvertüre überziehen. Mit der runden Pralinengabel eine Spirale abziehen.

Mokkatrüffel
Foto

250 g Vollmilch-Kuvertüre
100 g Halbbitter-Kuvertüre
100 g Sahne
30 g Butter
50 g Kokosfett
2 cl Mokkalikör
1 TL Instant-Kaffee
200 g feiner Zucker
zum Einrollen

Beide Sorten Kuvertüre klein schneiden und im Wasserbad auflösen. Die Sahne bis zum Kochen bringen, von der Kochstelle nehmen und die Butter und das Kokosfett darin auflösen. Den Mokkalikör, in dem der Instant-Kaffee aufgelöst wurde, unterrühren. Die aufgelöste Kuvertüre in die lauwarme Sahnemischung gießen und mit einem Schneebesen zu einer homogenen Masse rühren. Auf einem Backblech oder Aluausstellblech eine Fläche von 25 × 20 cm abgrenzen. Für die Abgrenzung eine Alufolie mehrmals auf etwa 2 cm Höhe falten. Die Fläche mit Frischhaltefolie auslegen, auch die Kanten. Die Pralinenmasse daraufgießen, mit einer Palette gleichmäßig verteilen, mit Frischhaltefolie abdecken und 24 Stunden stehen lassen. Danach Würfel von etwa 1 × 1 cm schneiden und daraus Kugeln formen. Den Zucker in eine flache Schüssel oder Schale geben. Die fertigen Kugeln auf den Zucker setzen. Nicht rollen, sondern mit der Hand den Zucker über die Pralinenkörper streuen.

Vanilletrüffel
Foto

250 g Vollmilch-Kuvertüre
80 g Sahne
4 cl Vanillelikör
20 g Butter
60 g Kokosfett
600 g Vollmilch-Kuvertüre
zum Überziehen

Die Vollmilch-Kuvertüre klein schneiden und auf dem Wasserbad auflösen. Die Sahne mit dem Vanillelikör erhitzen, aber keinesfalls kochen. Butter und Kokosfett in der heißen Sahne auflösen, mit einem Schneebesen zu einer homogenen Masse rühren. Auf einem Backblech oder Aluausstellblech mit einem auf 2 cm Höhe mehrfach gefalteten Alustreifen eine Fläche von 25 × 15 cm abgrenzen. Das Blech mit Frischhaltefolie auslegen, auch die Kanten. Die Pralinenmasse daraufgießen und mit einer Palette gleichmäßig glattstreichen, 24 Stunden stehen lassen. Dann Stücke von 1 × 1 cm schneiden und daraus Kugeln formen, auf Backpapier absetzen. Wenn alle Pralinenkörper geformt sind, mit auf 29–31 °C temperierter Vollmilch-Kuvertüre überziehen, dazu die runde Pralinengabel verwenden. Auf dem Pralinengitter hin und her bewegen, damit die Körper einen rauhen Überzug bekommen. In Pralinenkapseln setzen.

Teetrüffel
Foto

Aufguß von 5 g schwarzem Tee mit 1 cl Wasser
250 g Vollmilch-Kuvertüre
100 g Sahne
50 g Kokosfett
600 g Halbbitter-Kuvertüre
zum Überziehen

Den Tee aufgießen. Abdecken, 5–10 Minuten ziehen lassen. Die Kuvertüre klein schneiden und auf dem Wasserbad auflösen. Die Sahne bis kurz vorm Kochen erhitzen, vom Herd ziehen, das Kokosfett darin auflösen, den Teesud zugeben. Die Sahnemischung soll lauwarm sein, bevor die aufgelöste Kuvertüre dazugegeben wird. Mit einem Schneebesen alles zu einer homogenen Masse rühren. Auf einem Backblech oder Aluausstellblech eine Fläche von 25 × 15 cm mit einem auf 2 cm Höhe mehrfach gefalteten Alustreifen abgrenzen. Die Fläche mit Frischhaltefolie auslegen, auch die Kanten. Die Masse daraufgeben und mit einer Palette gleichmäßig glattstreichen, mit Frischhaltefolie abdecken und 24 Stunden stehen lassen. Dann Würfel von etwa 1 × 1 cm schneiden und daraus Kugeln formen, auf Backpapier absetzen. Sobald alle Pralinenkörper geformt sind, mit auf 31–33 °C temperierter Halbbitter-Kuvertüre überziehen, dazu die runde Pralinengabel verwenden. Auf dem Pralinengitter hin und her bewegen, damit die Körper einen rauhen Überzug bekommen. In Papierkapseln setzen.

Sahnetrüffel

100 g Sahne
160 g feinster Zucker
½ Vanilleschote
170 g Butter
600 g Halbbitter-Kuvertüre
zum Überziehen
60 g Kakaopulver, mit
20 g gesiebtem Puderzucker
vermischt

Ein Backblech mit Backpapier belegen. Die Sahne mit dem Zucker und der Vanilleschote bis zum Kochen bringen, von der Kochstelle nehmen. Die Vanilleschote herausholen und die Butter gut unterrühren, 5–6 Stunden im Kühlschrank kalt stellen. Mit dem elektrischen Handrührgerät die Masse aufschlagen. Mit dem Spritzbeutel und großer Lochtülle etwa 1,2 cm dicke Stränge auf das Backpapier aufdressieren, in den Kühlschrank stellen, damit die Pralinenkörper fest werden. Anschließend in 3 cm lange Stücke schneiden. In die auf 31–33 °C temperierte Halbbitter-Kuvertüre tauchen und sofort im Kakaopulver wälzen. Nach Belieben in weiße Pralinenkapseln setzen.

Eier-Sahne-Trüffel

150 g Sahne
60 g Zucker
320 g Vollmilch-Kuvertüre
30 g Eigelb (2 Eigelbe
verquirlen und davon
30 g abwiegen)
600 g Vollmilch-Kuvertüre
zum Überziehen

Ein Backblech oder Aluausstellblech mit Backpapier auslegen. Für die offene Seite aus Alufolie einen Streifen von etwa 1,5 cm Höhe mehrfach falten. Diesen Streifen nach Auftragen der Pralinenmasse gegen die Masse stellen, damit sie nicht ablaufen kann.

Die Sahne kurz aufkochen lassen. Den Zucker auf einmal in einen Edelstahltopf geben und bei mittlerer Hitze schmelzen, dabei mit einem Holzlöffel umrühren. Sobald der Zucker geschmolzen ist, mit der gekochten Sahne zurückschrecken. Auf etwa 50 °C abkühlen lassen. In einer Schüssel die zerkleinerte Vollmilch-Kuvertüre auf 29–31 °C temperieren. Ist die Zucker-Sahne-Masse abgekühlt, das verquirlte Eigelb unterziehen und glattrühren. Die Eier-Sahne-Masse auf Zimmertemperatur abkühlen lassen, dann die Kuvertüre einrühren und zu einer homogenen Masse rühren. Danach etwa 1 cm dick auf das vorbereitete Blech streichen, mit Frischhaltefolie abdecken und 24 Stunden stehen lassen. Die Oberfläche der Masse anschließend mit auf 29–31 °C temperierter Kuvertüre dünn bestreichen, fest werden lassen. Die Platte umdrehen und die andere Seite ebenfalls dünn mit der Kuvertüre bestreichen, fest werden lassen. Nun 1,5 × 2,5 cm große Stücke schneiden und mit der temperierten Kuvertüre überziehen. Mit der Pralinengabel zwei Striche über die Länge des Pralinenkörpers aufbringen.

Krokanttrüffel

45 Krokantbödelchen
(Seite 74)
125 g Sahne
25 g Fondant
260 g Halbbitter-Kuvertüre
3 cl Cognac
600 g Vollmilch-Kuvertüre
zum Überziehen
Halbbitter-Spritzschokolade
zum Garnieren

Die Krokantbödelchen auf ein mit Backpapier ausgelegtes Backblech legen (nicht direkt auf das Blech legen, es besteht die Gefahr des Anklebens). Die Sahne mit dem Fondant kochen und dann sofort von der Kochstelle nehmen. Die zerkleinerte Kuvertüre in der heißen Sahne auflösen und unterrühren. Zum Schluß den Cognac zugießen und alles zu einer homogenen Masse rühren. Anziehen lassen, bis die Masse spritzfähig geworden ist. Dann mit dem Spritzbeutel und großer Lochtülle die Masse halbkugelförmig auf die Bödelchen dressieren, fest werden lassen. Die Vollmilch-Kuvertüre auf 29–31 °C temperieren und die Pralinenkörper damit überziehen. Mit der Halbbitter-Spritzschokolade eine Spirale aufdressieren oder ein beliebiges anderes Muster.

Nuß-Krokant-Trüffel

120 g Vollmilch-Kuvertüre
120 g Halbbitter-Kuvertüre
100 g Sahne
60 g Butter
50 g Haselnußnougat
40 g Haselnußkrokant
600 g Vollmilch-Kuvertüre
zum Überziehen

Ein Backblech mit Frischhaltefolie auslegen. Die beiden Kuvertüresorten klein schneiden oder hacken. Die Sahne zum Kochen bringen, die Butter unterrühren. Von der Kochstelle nehmen. Die zerkleinerte Kuvertüre in der heißen Sahne auflösen. Den Nougat dazugeben und alles zu einer homogenen Masse rühren. Zum Schluß den feingestoßenen Krokant unterziehen. Dazu den gekauften Krokant in einen Frischhaltebeutel geben, verschließen und mit dem Rollholz ganz fein rollen. Die fertige Pralinenmasse etwa 1 cm dick auf die Frischhaltefolie streichen, mit Frischhaltefolie abdecken und 24 Stunden an einem kühlen Ort abstehen lassen. Anschließend 2 × 2 cm große Stücke schneiden und mit den Händen Kugeln daraus formen. Sind die Hände zu warm, mit wenig Puderzucker ausreiben. Die Kugeln auf Backpapier absetzen. Anschließend mit der auf 29–31 °C temperierten Vollmilch-Kuvertüre überziehen und auf dem Pralinengitter abrollen, so daß ein rauher Kuvertüreüberzug entsteht.

Honigkuppeln

40 Vollmilch-Kuvertürebödelchen (Seite 30)
600 g Vollmilch-Kuvertüre zum Überziehen
Honig-Canache
100 g Vollmilch-Kuvertüre
100 g Halbbitter-Kuvertüre
100 g Sahne
50 g Bienenhonig
40 g Butter
1 TL Karion-F flüssig

Die Kuvertürebödelchen auf ein mit Backpapier belegtes Blech auflegen.
Für die Canache die Vollmilch- und Halbbitter-Kuvertüre klein schneiden oder hacken. In einem Edelstahlkochtopf die Sahne erhitzen bis kurz vorm Kochen und die zerkleinerte Kuvertüre darin auflösen. Etwas abkühlen lassen und dann den Bienenhonig, die Butter sowie das Karion-F unterziehen. Mit dem Schneebesen alles leicht schaumig rühren. Die Masse etwas stehen lassen, bis sie dressierfähig ist. Nun mit dem Spritzbeutel und großer Lochtülle die fertige Canachemasse als runde Kuppel auf die Kuvertürebödelchen aufdressieren. Die Pralinenkörper fest werden lassen. Danach mit auf 29–31 °C temperierter Vollmilch-Kuvertüre überziehen.

Williamskuppeln

40 Halbbitter-Kuvertürebödelchen (Seite 30)
600 g Halbbitter-Kuvertüre zum Überziehen
40 weiße Drageeperlen zum Garnieren
Williams-Canache
100 g Sahne
150 g Vollmilch-Kuvertüre
50 g Halbbitter-Kuvertüre
60 g Butter
30 g Williams Christ, 40 Vol.-%

Die Kuvertürebödelchen auf ein mit Backpapier ausgelegtes Blech legen.
Beide Kuvertüresorten klein schneiden oder hacken, auf dem Wasserbad auflösen. Die Sahne kochen, von der Kochstelle nehmen und die flüssige Kuvertüre unterrühren, mit dem Schneebesen glattarbeiten. Auskühlen lassen und dann mit der Butter und dem Birnengeist leicht schaumig rühren. Die Masse anziehen lassen, bis sie spritzfähig ist. Dann mit dem Spritzbeutel und mittelgroßer Lochtülle eine Halbkugel auf die Bödelchen dressieren und darauf noch eine kleine Kuppel. Verhauten lassen. Erst dann mit der auf 31–33 °C temperierten Halbbitter-Kuvertüre überziehen. Jeweils eine kleine weiße Drageeperle auf die Kuppel setzen.

Weiße Buttertrüffel

Foto

300 g weiße Schokolade
100 g Sahne
70 g Butter
30 g Kokosfett
600 g weiße Schokolade zum Überziehen
Vollmilch-Spritzschokolade zum Garnieren

Die weiße Schokolade in Stücke brechen und auf dem Wasserbad auflösen. Die Sahne erhitzen, aber nicht zum Kochen bringen, von der Kochstelle nehmen und Butter und Kokosfett darin auflösen. Jetzt die aufgelöste weiße Schokolade dazugießen und mit einem Schneebesen alles zu einer homogenen Masse rühren. Auf einem Backblech oder Aluausstellblech mit mehrfach gefalteter Alufolie eine Fläche von 25 × 15 cm abgrenzen, diese mit Frischhaltefolie auslegen, auch die Ränder, und die Trüffelmasse hineingießen. Mit einer Palette gleichmäßig glattstreichen, mit Frischhaltefolie abdecken und 24 Stunden stehen lassen. Danach aus der Masse Würfel von etwa 1 × 1 cm schneiden und daraus Kugeln formen, auf Backpapier absetzen. Mit auf 29–31 °C temperierter weißer Schokolade überziehen (runde Pralinengabel verwenden) und ganz leicht über das Pralinengitter abrollen, damit der Überzug ungleichmäßig wird. Sobald der Überzug fest geworden ist, mit Vollmilch-Spritzschokolade unregelmäßige Linien ziehen. In Papierkapseln setzen.

Mozart-Trüffel

Foto

300 g Vollmilch-Kuvertüre
100 g Sahne
60 g Butter
40 g Kokosfett
7 cl Mozart-Liqueur
600 g Vollmilch-Kuvertüre zum Überziehen

Die Vollmilch-Kuvertüre klein schneiden und auf dem Wasserbad auflösen. Die Sahne erhitzen, aber nicht zum Kochen bringen. Von der Kochstelle nehmen, und Butter und Kokosfett darin auflösen, den Mozart-Liqueur zugießen. Die Sahne müßte jetzt lauwarm sein, andernfalls noch ein wenig stehen lassen, dann erst die flüssige Vollmilch-Kuvertüre zugeben. Mit einem Schneebesen zu einer homogenen Masse rühren. Auf einem Backblech oder Aluausstellblech mit einer mehrfach gefalteten Alufolie eine Fläche von 25 × 15 cm abgrenzen, diese mit Frischhaltefolie auslegen, auch die Ränder, und die Masse hineingießen. Mit einer Palette glattstreichen und mit Frischhaltefolie abdecken, 24 Stunden stehen lassen. Die Platte dann in Stücke von etwa 1 × 1 cm schneiden und daraus Kugeln formen, auf Backpapier absetzen. Mit auf 29–31 °C temperierter Vollmilch-Kuvertüre überziehen, dazu eine runde Pralinengabel verwenden. Über das Pralinengitter mehrfach abrollen, damit die Kugeln eine rauhe Oberfläche erhalten. In Papierkapseln setzen.

Kirsch-Whisky-Trüffel

Foto

300 g Vollmilch-Kuvertüre
100 g Sahne
100 g Kokosfett
7 cl Kirsch-Whisky-Likör
600 g Halbbitter-Kuvertüre zum Überziehen
100 g gemahlene Mandeln zum Einstreuen

Die Vollmilch-Kuvertüre klein schneiden und auf dem Wasserbad auflösen. Die Sahne bis zum Kochen bringen, von der Kochstelle nehmen und das Kokosfett darin auflösen, den Likör unterziehen. In die lauwarme Sahne-Whisky-Mischung die flüssige Vollmilch-Kuvertüre gießen und mit einem Schneebesen eine homogene Masse rühren. Auf einem Backblech oder Aluausstellblech mit einer mehrfach gefalteten Alufolie eine Fläche von 25 × 15 cm abgrenzen, diese mit Frischhaltefolie auslegen, auch die Ränder. Die Masse hineingießen, mit einer Palette gleichmäßig glattstreichen, mit Frischhaltefolie abdecken und 24 Stunden stehen lassen. Dann in Stücke von etwa 1 × 1 cm schneiden, daraus Kugeln formen, auf Backpapier absetzen. Mit auf 31–33 °C temperierter Halbbitter-Kuvertüre überziehen (runde Pralinengabel verwenden), mit den Mandeln einstreuen. Dafür die gemahlenen Mandeln in eine flache Schale geben. Die überzogenen Pralinenkörper darauflegen und von allen Seiten einstreuen. Die Körper selbst dabei nicht bewegen. In Papierkapseln setzen.

Schokoladentrüffel

200 g Halbbitter-Kuvertüre
100 g Vollmilch-Kuvertüre
100 g Sahne
1/2 Beutel Vanille-Aroma flüssig
2 Eigelb
60 g Butter
600 g Vollmilch-Kuvertüre
zum Überziehen

Die Kuvertüresorten klein schneiden. Die Sahne mit dem Vanille-Aroma bis zum Kochen bringen. Die Hitze stark reduzieren, die Kuvertürestückchen zugeben und unter Rühren auflösen. Sobald sie aufgelöst sind, von der Kochstelle nehmen und die Masse glattrühren. Jetzt erst die Eigelbe unterrühren, danach die Butter und alles zu einer homogenen Masse rühren. Ein Aluausstellblech mit Frischhaltefolie auslegen und die Masse etwa 1 cm dick aufstreichen. Abkühlen lassen. Dann mit einer Frischhaltefolie abdecken und für 24 Stunden in den Kühlschrank stellen. Anschließend in Würfel von 1 × 1 cm Größe schneiden und zu Kugeln formen, auf Backpapier absetzen. Die Vollmilchkuvertüre auf 29–31 °C temperieren und die Kugeln damit überziehen. Eine runde Pralinengabel dafür verwenden. Auf einem Pralinengitter absetzen. Nach dem Festwerden der Kuvertüre die Trüffel in weiße Pralinenkapseln setzen.

Zwetschgentrüffel

300 g Halbbitter-Kuvertüre
100 g Sahne
30 g Butter
8 cl Schwarzwälder Zwetschgenwasser oder
Elsässer Quetsch,
zwischen 42 und 50 Vol.-%
600 g Vollmilch-Kuvertüre
zum Überziehen

Die Kuvertüre klein schneiden. Die Sahne aufkochen, von der Kochstelle nehmen, die Butter unterrühren und die Kuvertürestückchen unter Rühren auflösen. Anschließend das Zwetschgenwasser zugeben und alles zu einer homogenen Masse rühren. Ein Aluausstellblech mit Frischhaltefolie auslegen und die Masse etwa 1 cm dick aufstreichen. Abkühlen lassen. Mit Frischhaltefolie abdecken und für 24 Stunden in den Kühlschrank stellen. Anschließend die Masse in 1 × 1 cm große Würfel schneiden und zu Kugeln formen, auf Backpapier absetzen. Die Vollmilch-Kuvertüre auf 29–31 °C temperieren und die Kugeln damit überziehen. Eine runde Pralinengabel dafür verwenden. Auf einem Pralinengitter absetzen. Nach dem Festwerden die Trüffel in weiße Pralinenkapseln setzen.

Nuß-Mandel-Trüffel

360 g Vollmilch-Kuvertüre
120 g Sahne
60 g Butter
2 cl Cognac oder Weinbrand
50 g gemahlene, geröstete Haselnüsse
70 g gemahlene, geröstete weiße Mandeln
300 g gemahlene, weiße Mandeln zum Einrollen

Die Kuvertüre klein schneiden. Die Sahne aufkochen, von der Kochstelle nehmen, die Butter unterrühren und die Kuvertürestückchen darin auflösen. Den Cognac zugeben und alles zu einer homogenen Masse rühren. Zuletzt die gemahlenen Nüsse und Mandeln gleichmäßig unterziehen. Ein Aluausstellblech mit Frischhaltefolie auslegen und die Masse etwa 1 cm dick aufstreichen. Abkühlen lassen. Mit Frischhaltefolie abdecken und für 24 Stunden in den Kühlschrank stellen. Anschließend 1 × 1 cm große Würfel schneiden. Die gemahlenen weißen Mandeln in eine flache, nicht zu kleine Schüssel schütten. Jetzt die Würfel zu Kugeln formen und sofort auf die gemahlenen Mandeln absetzen. Die gemahlenen Mandeln mit einer Hand über die Kugeln heben, sie dürfen nicht gerollt werden. Zwischendurch die fertigen Trüffel aus den Mandeln herausnehmen und in braune Pralinenkapseln setzen.

Curaçaorosetten

60 Vollmilch-Kuvertürebödelchen (Seite 30)
600 g Halbbitter-Kuvertüre zum Überziehen
Vollmilch-Spritzschokolade zum Garnieren
Curaçaocreme
400 g Vollmilch-Kuvertüre
150 g Butter
50 g Puderzucker
9 cl Curaçao

Die Bödelchen auf ein mit Backpapier ausgelegtes Backblech setzen.
Für die Creme die Vollmilch-Kuvertüre auflösen. Sie soll mäßig warm sein, etwa 25 °C. Butter, gesiebten Puderzucker und Curaçao in einer Schüssel mit dem Schneebesen schaumig rühren. Die aufgelöste Vollmilch-Kuvertüre zugießen und zu einer homogenen Creme rühren und anziehen lassen, bis sie spritzfähig ist. Die Creme in einen Spritzbeutel geben und auf die Bödelchen mit mittelgroßer Sterntülle nach oben spitz zulaufende Rosetten aufdressieren. Fest werden lassen. Dann mit auf 31–33 °C temperierter Halbbitter-Kuvertüre überziehen. Auf die Spitze mit der Spritzschokolade einen Punkt setzen.

Hirsetrüffel

½ Tasse Hirse
250 g Sahne
200 g Instant-Haferflocken
1 Messerspitze Vanillemark
3–4 EL brauner Zucker

Hirse mit der doppelten Menge Wasser einige Stunden einweichen, anschließend das Wasser abgießen. Die Hirse auf einem Backblech ausbreiten und bei 70 °C 20–30 Minuten im Backofen dörren, bis sie wieder trocken, aber nicht hart ist. Durch diesen Vorgang wird der Geschmack der Körner intensiviert.
Die Sahne steif schlagen. Nach und nach die Haferflocken zugeben und unterheben, es soll eine feste Paste entstehen. Mit Vanille und Zucker abschmecken. Aus der Masse kleine Kugeln formen, sofort in der Hirse wenden, die Körner fest andrücken. Auf einem mit Backpapier ausgelegten Backblech trocknen lassen.

Rum-Nougat-Rosetten

40 Vollmilch-Kuvertürebödelchen (Seite 30)
40 Rumrosinen (Fertigprodukt)
600 g Vollmilch-Kuvertüre zum Überziehen
Nougat-Canache
100 g Halbbitter-Kuvertüre
100 g Vollmilch-Kuvertüre
100 g Sahne
2 cl Rum 54 Vol.-%
40 g Butter
60 g Nougat
1 TL Karion-F flüssig

Die Kuvertürebödelchen auf ein mit Backpapier belegtes Backblech legen. Die Rumrosinen auf einem Papierhandtuch ausbreiten, damit sie von außen trocken werden.
Für die Canache Halbbitter- und Vollmilch-Kuvertüre in kleine Stücke schneiden oder hacken. In einem Edelstahlkochtopf die Sahne erhitzen bis kurz vorm Kochen, die Kuvertüre darin auflösen. Rum, Butter, Nougat und Karion-F dazugeben und alles mit einem Schneebesen oder dem Handrührgerät schaumig rühren. Die fertige Canachemasse mit einem Spritzbeutel und mittelgroßer Sterntülle als Rosette auf die Bödelchen dressieren. In die Spitze jeweils 1 Rumrosine leicht eindrücken. Die aufdressierten Pralinenkörper stehenlassen, damit sie anziehen, das heißt, fest werden können. Mit auf 29–31 °C temperierter Vollmilchkuvertüre überziehen.

GEFÜLLTE PRALINEN

Pralinen mit flüssigen und halbflüssigen Füllungen kann man ebenfalls selbst herstellen. Das Gießen in Puderkästen empfehle ich nicht. Es ist nicht nur sehr arbeitsaufwendig, sondern setzt auch technische wie räumliche Bedingungen voraus, die in den meisten Haushalten nicht gegeben sind.

Für die folgenden Rezepte werden Stanniolkapseln benötigt. Sie können so verwendet werden, wie sie zu kaufen sind. Mit einem Korken kann man sie nach oben hin erweitern. Auch sind mit entsprechend zugeschnittenen Korken oder Gipsstempeln daraus ovale oder herzförmige Kapseln formbar.

Beim Verschließen der Kapseln gibt es allerdings eine Abweichung zwischen flüssigen und Cremefüllungen. Um die Pralinen mit flüssigen Füllungen, z.B. mit Cognac, dicht abzuschließen, damit sie nicht auslaufen können, verschließt man sie mit Kakaobutter (nehmen Sie nur dann als Ersatz anderes Hartfett, z.B. Kokosfett, wenn Sie trotz aller Bemühungen keine Kakaobutter bekommen). Pralinen mit Cremefüllungen brauchen diese Abdichtung nicht. Cremefüllungen läßt man verhauten.

Schokoladenmantel

Bei den bisherigen Rezepten des Buches wurden die Pralinenkörper im letzten Arbeitsgang mit Kuvertüre überzogen. Jetzt ist der Überzug der erste Arbeitsgang. Das bedeutet, der Schokoladenmantel muß erst in die Kapseln, also vor allen anderen Zutaten. Es gibt zwei Möglichkeiten,

die Kuvertüre auf den Boden und an die Wandung der Kapsel zu bringen. Ich erkläre sie beide. Die für Sie einfachste Methode wenden Sie dann an.

<u>1.Möglichkeit</u>
Die temperierte Kuvertüre wird mit einem Haarpinsel auf den Boden und die Wandung aufgetragen. Dabei die Kapseln vorsichtig halten, damit sie sich nicht verformen. Sobald sie fest geworden ist, ein zweites Mal Kuvertüre auftragen. Boden und Wandung sollten etwa 1–1½ mm dick sein. Die Füllung darf erfolgen, sobald die Kuvertüre angezogen hat, das heißt, fest geworden ist. Dies ist die für den Nichtgeübten einfachste Herstellung.

<u>2.Möglichkeit</u>
Die Stanniolkapseln werden mit temperierter Kuvertüre bis etwa 3 mm unter dem Rand voll ausgegossen. Bei einer Raumtemperatur von etwa 20 °C wird nach dem Ausgießen der sechsten Kapsel die erste bereits umgedreht auf ein Pralinengitter gesetzt, damit die überschüssige Kuvertüre auslaufen kann. Beim Umdrehen die Kapseln mit den Fingern nicht zusammendrükken! Nun wird die siebte Kapsel ausgegossen und die zweite wieder umgedreht, und so geht es weiter. Sobald die Kuvertüre fest ist, können die Kapseln gefüllt werden.

Himbeergeist-Pralinen
Fotos

40 Stanniolkapseln
40 in Himbeergeist eingelegte Himbeeren, 16 Vol.-%, davon 10 cl Himbeergeist in ein kleines Kännchen schütten
600 g Vollmilch-Kuvertüre zum Ausgießen und Deckeln der Kapseln
100 g Kakaobutter
30 g kleine Mandelsplitter zum Garnieren

1 Auf den Boden und seitlich an die Wandungen der Stanniolkapseln die auf 29–31 °C temperierte Vollmilch-Kuvertüre mit dem Haarpinsel auftragen. Fest werden lassen und nochmals auftragen. Die Kuvertüreschicht soll 1–1½ mm dick sein.

2 In jede Kapsel 1 abgetropfte Himbeere legen. Leicht andrücken, damit die Beeren nach dem Einfüllen des Himbeergeistes nicht über dem Flüssigkeitsspiegel stehen.

3 Aus dem Kännchen den Himbeergeist bis etwa 2 mm unter den Rand zugießen.

4 Die Kakaobutter auf 25 °C erhitzen. Mit einem Teelöffel als dünne Schicht auf den Himbeergeist geben. Darauf achten, daß die Kakaobutter fest mit der Kuvertüre am Kapselrand in Verbindung kommt, damit die Füllung nach Erhärten der Kakaobutter abgeschlossen ist.

5 Sobald die Kakaobutter vollständig erhärtet ist, die temperierte Vollmilch-Kuvertüre mit einer selbstgemachten Pergament-Spritztüte aufdressieren, so daß die Praline einen Abschluß erhält (= deckeln).

6 Kleine Mandelsplitter auflegen.

1

2

3 ▽ **5**

4 ▽ **6**

Nußlikörcreme

40 Stanniolkapseln
600 g Vollmilch-Kuvertüre
zum Ausgießen und Deckeln
der Kapseln
100 g Butter
100 g Zucker
50 g Honig
50 g Sahne
10 cl Haselnußlikör
50 g hell geröstete, gehackte
Haselnüsse zum Garnieren

Die Kapseln bereitlegen. Die Vollmilch-Kuvertüre auf 29–31 °C temperieren und die Kapseln damit ausgießen oder mit dem Pinsel ausstreichen, fest werden lassen. Butter, Zucker, Honig und Sahne aufkochen, etwas abkühlen lassen und den Haselnußlikör unterrühren. Mit etwa 25 °C bis 2 mm unter den Rand in die Kapseln füllen. Verhauten lassen und mit der temperierten Vollmilch-Kuvertüre abdecken. Mit den gehackten Haselnüssen garnieren.

Rum-Mokka-Creme

50 Stanniolkapseln
600 g Vollmilch-Kuvertüre
zum Ausstreichen und Deckeln
der Kapseln
150 g Zucker
30 g Butter
60 g Sahne
300 g Fondant
1 gehäufter TL Instant-Kaffee
4 cl Rum, 54 Vol.-%
Halbbitter-Spritzschokolade
zum Garnieren

Die Kapseln bereitlegen. Die Vollmilch-Kuvertüre auf 29–31 °C temperieren und die Kapseln damit ausgießen oder mit dem Pinsel ausstreichen. In einem Edelstahltopf bei mittlerer Hitze die Hälfte des Zuckers schmelzen, dabei mit einem Holzlöffel rühren. Nach und nach den restlichen Zucker zufügen. Ist der Zucker insgesamt geschmolzen und goldgelb, der Reihe nach Butter, erwärmte Sahne, Fondant, Instant-Kaffee und Rum zugeben und zu einer homogenen Masse rühren. Mit 20 °C bis etwa 2 mm unter den Rand in die Kapseln füllen. Verhauten lassen und mit der auf 29–31 °C temperierten Vollmilch-Kuvertüre abdecken. Mit der Halbbitter-Spritzschokolade einen dunklen Punkt in die Mitte dressieren.

Nußnougat-Kirschwasser-Becher

40 Stanniolkapseln
600 g Halbbitter-Kuvertüre
zum Ausgießen und Deckeln
der Kapseln
120 g Nußnougat
160 g Fondant
10 g Glykosesirup
15 cl Schwarzwälder
Kirschwasser
1–2 TL Zitronensaft
10 rote Belegkirschen
zum Garnieren

Die Kapseln bereitlegen. Die Halbbitter-Kuvertüre auf 31–33 °C temperieren und die Kapseln damit ausgießen oder mit dem Pinsel ausstreichen, fest werden lassen. Den Nußnougat in 40 kleine Stücke teilen und in jede Kapsel eines hineinlegen. Den Fondant langsam auf 25 °C erwärmen, den Glykosesirup zugeben und unterrühren. Dann das Kirschwasser zufügen und zuletzt mit Zitronensaft abschmecken. Die fertige Fondantcreme bis 2 mm unter den Rand in die Kapseln einfüllen, verhauten lassen. Mit der temperierten Halbbitter-Kuvertüre abdecken. Auf jede Praline eine viertel Belegkirsche legen.

Schokoladencreme

40 Stanniolkapseln
600 g Halbbitter-Kuvertüre
zum Ausgießen und Deckeln
der Kapseln
50 g Vollmilch-Kuvertüre
200 g Fondant
40 g Marzipanrohmasse
3 cl Cognac
120 g Himbeergelee
50 g Borkenschokolade
zum Garnieren

Die Kapseln bereitlegen. Die Halbbitter-Kuvertüre auf 31–33 °C temperieren und die Kapseln damit ausgießen oder mit dem Pinsel ausstreichen, fest werden lassen. Die Vollmilch-Kuvertüre auf 29–31 °C temperieren, ebenfalls den Fondant und beides mit der Marzipanrohmasse und dem Cognac zu einer glatten Creme rühren. Die Creme auf 25 °C halten. Auf den Boden der Kapseln einen Tupfer Himbeergelee spritzen und die Creme bis etwa 2 mm unter den Rand einfüllen. Verhauten lassen und mit der temperierten Halbbitter-Kuvertüre abdecken. Mit der kleingeschnittenen Borkenschokolade bestreuen.

Weinbrandkirschen

40 Stanniolkapseln
600 g Halbbitter-Kuvertüre
zum Ausgießen und Deckeln
der Kapseln
20 kandierte rote Kirschen,
48 Stunden in 11 cl Weinbrand
eingelegt
90 g Fondant
Vollmilch-Spritzschokolade
zum Garnieren

Die Kapseln bereitlegen. Die Halbbitter-Kuvertüre auf 31–33 °C temperieren und die Kapseln damit ausgießen oder mit dem Pinsel ausstreichen, fest werden lassen. Die eingelegten Weinbrandkirschen aus dem Weinbrand herausnehmen, etwas abtropfen lassen und mit einem scharfen Messer halbieren. In jede Kapsel eine halbe Weinbrandkirsche legen. Den Weinbrand mit dem auf 25 °C temperierten Fondant zu einer Masse verrühren und bis etwa 2 mm unter den Rand in die Kapseln füllen. Verhauten lassen. Mit temperierter Halbbitter-Kuvertüre abdecken. Mit der Vollmilch-Spritzschokolade eine stilisierte Blume bzw. Blüte aufspritzen.

Eierlikörbecher

40 Stanniolkapseln
600 g Vollmilch-Kuvertüre
zum Ausgießen und Deckeln
der Kapseln
30 cl Eierlikör
50 g Kakaobutter
Halbbitter-Spritzschokolade
zum Garnieren

Die Kapseln bereitlegen. Die Vollmilch-Kuvertüre auf 29–31 °C temperieren und die Kapseln damit ausgießen oder mit dem Pinsel ausstreichen, fest werden lassen. Den Eierlikör bis etwa 2 mm unter den Rand in die Kapseln füllen. Die Kakaobutter auf 25 °C erhitzen und die Oberfläche dünn abdecken. Sobald die Kakaobutter fest geworden ist, sie wird dann ganz weiß, mit der temperierten Vollmilch-Kuvertüre abdecken. Mit Halbbitter-Spritzschokolade eine Schnecke aufdressieren.

Rumrosinenbecher

40 Stanniolkapseln
600 g Vollmilch-Kuvertüre
zum Ausgießen und Deckeln
der Kapseln
40 Rumrosinen (Fertigprodukt)
40 kleine Stücke Nougat,
5 × 5 × 5 mm groß
160 g Marzipanrohmasse
3 cl Rum, 54 Vol.-%
40 g Fondant
Halbbitter-Spritzschokolade
zum Garnieren

Die Kapseln bereitlegen. Die Vollmilch-Kuvertüre auf 29–31 °C temperieren und die Kapseln damit ausgießen oder mit dem Pinsel ausstreichen, fest werden lassen. Jeweils 1 Rumrosine und 1 Nougatwürfelchen einlegen. Die Marzipanrohmasse mit dem Rum und dem auf 30 °C erwärmten Fondant glattrühren, bis 2 mm unter den Rand in die Kapseln füllen. Verhauten lassen und mit der temperierten Vollmilch-Kuvertüre abdecken. Mit der Halbbitter-Spritzschokolade eine Spirale aufdressieren.

Rum-Karamel-Creme

40 Stanniolkapseln
600 g Halbbitter-Kuvertüre
zum Ausgießen und Deckeln
der Kapseln
300 g Zucker
60 g Butter
120 g Sahne
5 cl Rum, 54 Vol.-%
80 g Nußnougat
evtl. etwas Kakaobutter
Vollmilch-Spritzschokolade
zum Garnieren

Die Kapseln bereitlegen. Die Halbbitter-Kuvertüre auf 31–33 °C temperieren und die Kapseln damit ausgießen oder mit dem Pinsel ausstreichen, fest werden lassen.

In einen Edelstahltopf ein Drittel des Zuckers geben und bei mittlerer Hitze schmelzen. Den restlichen Zucker nach und nach dazugeben, dabei ständig mit einem Holzlöffel umrühren. Den Zucker goldbraun werden lassen, dann sofort von der Kochstelle nehmen, die Butter unterrühren sowie die auf 50 °C erwärmte Sahne. Wenn die Karamelcreme auf 80 °C abgekühlt ist, den auf etwa 45 °C erwärmten Rum unterrühren.

Den Nußnougat auf 30 °C temperieren, so daß er spritzfähig wird, evtl. etwas Kakaobutter zufügen. In einen Papierspritzbeutel füllen und auf den Boden der Kapseln einen Tupfer dressieren. Die Karamelcreme bis etwa 2 mm unter den Rand in die Kapseln füllen. Verhauten lassen und mit der temperierten Halbbitter-Kuvertüre abdecken. Mit der Vollmilch-Spritzschokolade ein Muster aufspritzen.

KROKANT

Krokantbödelchen

400 g Zucker
70 g Butter
200 g gehobelte Haselnüsse
oder Mandeln

Ein Drittel des Zuckers in einen Edelstahltopf geben und bei mittlerer Hitze schmelzen, dabei mit einem Holzlöffel umrühren. Den Rest des Zuckers nach und nach dazugeben. Sobald der geschmolzene Zukker eine helle, gelbe Farbe angenommen hat, sofort von der Kochstelle nehmen, die Butter unterrühren und die gehobelten Nüsse oder Mandeln mit dem Holzlöffel unterspateln. Die Masse auf ein warmes, geöltes Backblech schütten und mit einem ebenfalls leicht geölten Rollholz etwa 3 mm dick ausrollen. Mit einem runden Ausstecher von 3 cm Durchmesser Bödelchen ausstechen (etwa 100 Stück). Den Ausstecher vorher kurz in warmes Öl eintauchen, öfter wiederholen. Sollte die Krokantmasse zu hart werden, das Backblech bei 50–60 °C in den Backofen schieben und so lange darin lassen, bis der Krokant wieder weich geworden ist.

Hinweis

Werden die Krokantbödelchen nicht sofort verwendet, sollten sie mit einem Pinsel ganz dünn mit heißer Kakaobutter bestrichen werden. Sie nehmen dann keine Luftfeuchtigkeit an und kleben nicht.

Florentiner-Pralinen
Foto

Krokanttaler
100 g Zucker
10 g Butter
50 g gehobelte Mandeln
350 g Mandelnougat
50 g Kakaobutter
600 g Vollmilchkuvertüre
zum Überziehen und Maskieren
100 g Kakaobutter zum
Einstreichen der Krokanttaler

Für die Krokanttaler die Hälfte des Zuckers in einem Edelstahlkochtopf bei mittlerer Hitze unter Umrühren mit einem Holzlöffel schmelzen. Den restlichen Zucker nach und nach dazugeben. Sobald der Zucker restlos geschmolzen ist und eine helle, gelbe Farbe angenommen hat, von der Kochstelle nehmen, die Butter unterziehen und die gehobelten Mandeln dazugeben. Die Masse auf eine geölte Marmorplatte oder ein geöltes Backblech schütten und mit einem leicht geölten Rollholz ganz dünn ausrollen, etwa 1–2 mm dick. Mit einem runden Ausstecher von 3 cm Durchmesser Taler ausstechen. Den Ausstecher vorher in wenig Öl eintauchen. Wird die Krokantmasse zu fest, bei 50 °C kurz in den Backofen stellen und anwärmen. Die ausgestochenen Taler auf ein leicht geöltes Backblech legen und auskühlen lassen.
Mandelnougat und Kakaobutter getrennt auf 30 °C temperieren und dann miteinander zu einer glatten Masse arbeiten. Auf die Arbeitsfläche einen Bogen Backpapier legen, darauf die Masse 1 cm dick ausrol-

len und anziehen, das heißt fest werden lassen. Mit auf 29–31 °C temperierter Vollmilch-Kuvertüre bestreichen. Sobald die Kuvertüre erstarrt ist, die Platte umdrehen. Mit einem runden Ausstecher von 3 cm Durchmesser Pralinenkörper ausstechen und auf ein mit Backpapier ausgelegtes Backblech setzen. Kleine Tupfen von Vollmilch-Kuvertüre mit einem Pinsel in die Mitte der Körper setzen und sofort jeweils einen Krokanttaler ganz gerade und mit den Kanten bündig auflegen. Die Kakaobutter auf 30 °C erwärmen und mit einem Pinsel die Krokanttaler dünn bestreichen, so ziehen sie keine Feuchtigkeit. Anschließend die Pralinenkörper maskieren, das heißt, sie werden bis genau an den unteren Rand der Krokanttaler mit auf 31–33 °C temperierter Halbbitter-Kuvertüre überzogen.

Variationen

Florentiner-Pralinen können auch in anderen Geschmacksrichtungen hergestellt werden. Für die folgenden Vorschläge muß allerdings das Gewicht des Mandelnougat um 70 g auf 280 g gekürzt werden.
Dem Mandelnougat werden dann zugefügt:
▷ 50 g feingemahlene, geröstete Haselnüsse und 30 g feingemahlene Belegkirschen oder
▷ 40 g feingemahlene, geröstete Mandeln und 40 g feingehacktes Orangeat oder
▷ 30 g feingehackte Belegkirschen und je 20 g feingehacktes Orangeat und Zitronat.
Diese Variationen schmecken noch besser, wenn sie mit Cognac oder Weinbrand aromatisiert werden.

Marzipan-Mandel-Krokant

Foto Seite 75

200 g Zucker
20 g Glykosesirup
60 g Sahne
20 g Butter
180 g Marzipanrohmasse
120 g gehackte Mandeln
600 g Vollmilch-Kuvertüre
zum Überziehen
Halbbitter-Spritzschokolade
zum Garnieren

In einen Edelstahlkochtopf ein Drittel des Zuckers geben und bei mittlerer Hitze schmelzen, dabei mit einem Holzlöffel öfter umrühren. Den restlichen Zucker nach und nach dazugeben. Ist der Zucker insgesamt geschmolzen, den Glykosesirup, die Sahne und die Butter unterziehen. Von der Kochstelle nehmen, die Marzipanrohmasse in kleinen Stükken hineingeben und alles zu einer glatten Masse rühren. Zuletzt die Mandeln unterziehen. Die fertige Masse sofort auf eine geölte Marmorplatte schütten, mit einem geölten Rollholz 1 cm dick ausrollen und in 1,5 × 3 cm große Stücke schneiden. Die Stücke nach dem Schneiden sofort auseinandersetzen und bis auf Raumtemperatur (20/22 °C) abkühlen lassen. Mit auf 29–31 °C temperierter Vollmilch-Kuvertüre überziehen. Mit der Pralinengabel einen schräg laufenden Strich anbringen, indem eine Gabelzinke auf den Pralinenkörper leicht aufgedrückt und sofort wieder hochgezogen wird. Mit der Spritzschokolade an jedem Ende des Pralinenkörpers einen dunklen Punkt aufspritzen.

Fruchtkrokantbissen

Foto Seite 75

45 g Butter, 45 g Honig
40 g Marzipanrohmasse
120 g Zucker
10 Tropfen Vanille-Aroma
1 Prise Salz
25 g feingehacktes Orangeat
50 g gehackte Haselnüsse
40 g gehackte Mandeln
40 g feingehackte kandierte
Belegkirschen
600 g Halbbitter-Kuvertüre
zum Maskieren
100 g Kakaobutter
zum Bestreichen

In einer Schüssel Butter, Honig und Marzipan glattrühren und beiseite stellen. In einen Edelstahlkochtopf ein Drittel des Zuckers geben und bei mittlerer Hitze schmelzen, dabei mit einem Holzlöffel umrühren. Den Rest des Zuckers nach und nach dazugeben. Sobald der Zucker ganz geschmolzen ist und eine helle, gelbe Farbe angenommen hat, sofort von der Kochstelle nehmen. Die Butter-Honig-Marzipanmasse, Aroma und Salz dazugeben, unterrühren, dann alles kurz aufkochen lassen. Wieder von der Kochstelle nehmen und die Früchte unterziehen. Die Masse auf einer geölten Marmorplatte 1 cm dick ausrollen, auskühlen lassen, dann 2 × 3 cm große Stücke schneiden. Mit auf 31–33 °C temperierter Halbbitter-Kuvertüre maskieren, das heißt, in die Kuvertüre tauchen, aber nur bis direkt unterhalb der Oberfläche überziehen. Die Fruchtkrokant-Oberfläche mit auf 30 °C temperierter Kakaobutter dünn mit einem Pinsel bestreichen.

Bonbonniere aus Mandelkrokant

Foto Seite 78/79

600 g feinster Zucker
60 g Butter
35 g Glykosesirup
240 g gehobelte Mandeln
150 g Halbbitter-Kuvertüre
zum Zusammensetzen
und Verzieren
(als Schokoladen-Spritzglasur)
100 g Kakaobutter
Marzipanrose
100 g Marzipanrohmasse
50 g Puderzucker
grüne und rote
Lebensmittelfarbe
Silberdrageeperlen
zum Garnieren

Bevor der Krokant hergestellt wird, sind folgende Vorbereitungen zu treffen:

▷ Ein Backblech ölen und auf ca. 50 °C anwärmen. Den Backofen auf 50 °C stehenlassen, falls der Krokant während der Verarbeitung angewärmt werden muß.

▷ Eine Schablone (ein Oval von 17 cm Länge und 12 cm Breite) aus starker Pappe ausschneiden. Es kann aber auch ohne weiteres eine andere Form nach eigenen Wünschen und Vorstellungen gewählt werden. Nur die Größe der Flächen muß in etwa mit der Flächengröße in der Beschreibung übereinstimmen, damit die Krokantmasse ausreicht.

▷ Ein Rollholz zum Ausrollen bereitlegen sowie ein scharfes, starkes Messer und eine Küchenschere.

▷ Die Mandeln auf einem Backblech verteilen und ganz hell rösten. Abkühlen lassen.

Den Zucker zu einem Drittel in einen Edelstahltopf schütten und bei mittlerer Hitze langsam schmelzen, dabei vorsichtig mit einem Holzspatel oder -löffel umrühren. Den restlichen Zucker nach und nach dazugeben und schmelzen lassen. Sobald der Zucker eine goldgelbe Farbe angenommen hat, sofort die Butter und den Glykosesirup unterrühren. Anschließend die Mandeln unterziehen, die Masse sofort auf das angewärmte und geölte Backblech schütten und mit dem Rollholz etwa 3–4 mm dick ausrollen. Die Schablone auflegen und nacheinander den Boden sowie den Deckel ausschneiden. Den Rest zusammenlegen und zum Anwärmen in den Backofen stellen. Sobald der Krokant sich wieder verarbeiten läßt, ausrollen und ein Band von 3–4 mm Dicke und 42 cm Länge ausschneiden (das Längenmaß gilt nur für die angegebene ovale Form, bei anderen Modellen können sich Änderungen ergeben). Das ausgeschnittene Band, solange es noch warm ist und sich verarbeiten läßt, auf der Schablone mit einem Abstand von der Kante von etwa 5 mm senkrecht herum aufstellen und die beiden Enden zusammendrücken. Boden, Deckel und das Band erkalten lassen, dann das Band mit Kuvertüre auf dem Boden befestigen. Dabei bleibt nach außen vom Boden ein kleiner Rand stehen. Von noch vorhandenen Krokantresten können vier Füße gemacht werden, die unter dem Boden der Bonbonniere mit Kuvertüre zu befestigen sind. Die Kakaobutter auf etwa 30 °C erhitzen und die Bonbonniere

mit einem Pinsel dünn anstreichen. So wird das Kleben des Krokants weitgehend eingeschränkt.

Die Marzipanarbeiten auf der Marmorplatte abwickeln. Die Marzipanrohmasse mit dem gesiebten Puderzucker anwirken. Ein Drittel der Marzipanmasse hellgrün, den Rest rot einfärben. Aus dem grünen Marzipan 6 Rosenblätter formen. Dafür das Marzipan etwa 1 mm dick ausrollen. Mit einem runden Ausstecher von 4 cm Durchmesse erst runde Scheiben und daraus die ovalen Blätter ausstechen. Mit einem Modellierholz oder dem Rücken eines Küchenmessers die Blätter modellieren. Auf den Deckel in der Mitte der Bonbonniere mit Kuvertüre eine grüne runde Scheibe von etwa 2 cm Durchmesser und 5 mm Dicke mit Kuvertüre befestigen. Aus dem roten Marzipan die Rosenblätter modellieren. Zuerst den Blütenstempel aus einer 2,5 cm dicken Kugel formen. Mit Daumen und Zeigefinger eine sich nach oben verjüngende runde Spitze formen, wobei die Spitze am unteren Ende einen Durchmesser von etwa 2 cm haben soll. Die Spitze unten flach aufsetzen. Eine andere Möglichkeit, den Stempel zu formen: auf der leicht geölten Marmorplatte mit der Hand die Kugel so rollen, daß sie nach einer Seite spitz zuläuft. Jetzt aus roter Marzipanmasse 3 Kugeln von 2 cm Durchmesser formen. Mit der Hand jede flachdrücken und mit einem Küchenmesser, das eine vorne abgerundete Schneide hat, zum eigenen Körper hin ausstreichen, so daß ein rundes Rosenblatt entsteht, welches zur Körperseite hin sehr dünn auslaufen muß. Dann mit dem Messer von der Marmorplatte abheben. Diese drei Blätter nacheinander locker um den

Stempel rollen. Den unteren Teil jeweils am untersten Teil des Stempels fest andrücken. Schauen Sie sich immer wieder das Bild an. Für die nächsten Blütenblätter 3 Kugeln von 3 cm Durchmesser formen und so verfahren, wie bei den ersten Blütenblättern. Doch immer daran denken, daß jedes Blatt sehr fein mit dem Messer ausgezogen wird. Jedes nun modellierte Blatt nach dem Abnehmen von der Marmorplatte in beide Hände nehmen und mit den Mittelfingern und den Daumen eine Bewegung nach unten machen, so daß eine Vertiefung entsteht. Das Blatt so ausgehöhlt an die angefangene Rose setzen und am unteren Stempelteil fest andrücken. Bitte, auch hier das Bild genau anschauen. Die Blütenblätter liegen nicht fest an, es entsteht eine aufgeblühte Rose. Für die letzten Blütenblätter 4 Kugeln mit 3 cm Durchmesser formen. Diese Blätter werden genauso ausgezogen und geformt wie die eben gefertigten und am unteren Teil des Stempels befestigt. Den oberen Rand der Blätter nach außen rund abbiegen. Den unteren Teil des Stempels abschneiden und die fertige Rose mit etwas Kuvertüre auf der grünen Scheibe auf dem Deckel der Bonbonniere befestigen. Die grünen Blätter ebenfalls anbringen, wobei der hintere Teil mit wenig Kuvertüre unterhalb der Rose befestigt wird. Das Blatt muß aber vorher bereits seine endgültige Form haben. Mit Schokoladen-Spritzglasur die Garnierung aufspritzen und die Silberdrageeperlen jeweils sofort aufsetzen. Stehen lassen, bis die Marzipanrose fest geworden ist. Dann erst darf die Bonbonniere mit Pralinen gefüllt werden. Die Bonbonniere ist eßbar.

ROHKOST-PRALINEN

Rohkost-Pralinen stellen ein eigenes Sortiment dar und sollen nicht mit anderen Pralinensorten vermischt werden. Die Zutaten stellt man nach seinem eigenen Geschmack zu den gewünschten Kompositionen zusammen. Ich beschränke mich daher auf die Herstellung, denn es ist nicht notwendig, Rezepte mit feststehenden Mengen zu entwickeln. Eine große Bedeutung für das Gelingen dieser Pralinen hat das Vorbereiten der Zutaten, die aus verschiedenen Dickzuckerfrüchten, getrockneten Früchten und Ölsamen bestehen.

Wichtig: Die Gütemerkmale von Trockenfrüchten und Ölsamenkernen stets beim Kauf beachten. Bei der Herstellung von Rohkost-Pralinen ist ohne Einschränkung die einwandfreie Beschaffenheit der Zutaten Voraussetzung!

Dickzuckerfrüchte

Es steht eine breite Palette von Dickzuckerfrüchten zur Verfügung, zum Beispiel:

▷ Ananas, Erdbeeren, Melonen, Birnen, Quitten, Reineclauden, Aprikosen, Kirschen, Pfirsiche,
▷ grüne Pflaumen, unreife Stachelbeeren,
▷ grüne Walnüsse, grüne Mandeln, Maronen,
▷ Ingwer, Angelika, Bohnenkerne, Zitronat, Orangeat.

Diese Früchte liegen in einer Dickzuckerlösung, verpackt in fest verschließbaren Dosen oder Gläsern. Um die Früchte herausnehmen zu können, wird die Lösung erwärmt. Die Früchte dann auf ein Abtropfgitter (zum Beispiel das Pralinengitter)

legen, damit sie gut ablaufen und auskühlen. Jedes Mal nur so viele Früchte herausnehmen, wie benötigt werden. Für abgelaufene und abgetrocknete Früchte besteht durch Einwirkung von Luftfeuchtigkeit die Gefahr der Schimmelbildung. Fertig hergestellte Rohkost-Pralinen sollten deshalb stets in gut verschließbaren Behältnissen aufbewahrt werden. Vorteilhaft ist es deshalb, nur kleinere Mengen herzustellen und diese innerhalb von 10 Tagen zu verzehren.

Trockenfrüchte

Die Dickzuckerfrüchte werden durch eine gute Auswahl von Trockenfrüchten ergänzt. Achten Sie bei den nachstehend aufgeführten Trockenfrüchten auf die jeweiligen Gütemerkmale. Sie geben gleichzeitig Hinweise auf die Zusammensetzung der Fruchtmischungen.

Sultaninen	Kernlose Früchte, den Rosinen vorzuziehen.
Korinthen	Sehr süß, aber gleichzeitig auch herb.
Datteln	Sehr süß.
Feigen	Sehr süß, viele kleine Kerne, weißer Belag ist Traubenzucker.
Ringäpfel	Frischer, angenehmer Apfelduft.
Aprikosen, halbierte	Süß und höherer Säuregehalt
Pfirsiche	vollaromatisch, süß und etwas säurehaltig.
Pflaumen	Weiches bis sirupartiges Fruchtfleisch, möglichst runzelfreie kaufen.

Für alle Trockenfrüchte gilt: Sie sollen geschmeidig fest sein, dürfen aber einem Fingerdruck nachgeben, sollen dabei jedoch nicht zu einem Klumpen verkleben.

Ölsamen

Rohkost-Pralinen wären ohne die Beigabe von Ölsamenkernen unvollständig, ihnen fehlte sonst der Biß mit dem abgerundeten Geschmack. Ölsamenkerne sind Fruchtkerne der sogenannten Schalenfrüchte, nachstehend mit ihren Gütemerkmalen aufgeführt.

Mandeln	Volle Kerne, weißes, festes Fruchtfleisch, kerniger Biß.
Pistazien, auch grüne Mandeln genannt	Volle Kerne mit glatter Haut, hellgrünes, festes Fruchtfleisch, kerniger Biß, leicht süßlicher Geschmack, bitterer, mandelartiger Geruch.
Walnüsse	Volles, mildes Nußaroma, unbeschädigte Schalen und dunkle Samenhaut sind der Beweis, daß sie nicht gebleicht wurden!
Haselnüsse	Große Früchte, weißer bis elfenbeinfarbiger Bruch, kerniger Biß und ein volles Nußaroma.
Paranüsse	Große Nüsse – kleine Nüsse nicht kaufen, sie haben einen hohen Anteil tauber Nüsse –, dreikantige, graubraune Steinschale, polierte, glänzende Nüsse sind haltbarer, die Samenhaut ist dünn und hart und schwer zu entfernen.
Cashewkerne, auch Indische Mandeln genannt	Kein weißes Fruchtfleisch, aromatischer, mandelartiger Geruch, leicht süßlicher Geschmack.

Kokosnüsse	Weißes Fruchtfleisch, mildes Aroma, bei ganzen Nüssen die Schüttelprobe machen, die Kokosmilch muß noch enthalten sein.
Pinienkerne	Kerne weiß, glänzender Bruch, nuß- bis mandelartiger Geschmack.
Maronen	Große Früchte nehmen, braune Schale muß leuchten, Samenhaut hell mit dunkler Streifenbildung, festes Fruchtfleisch.
Erdnüsse	Ganze, vollfleischige Kerne, festes, kerniges Fruchtfleisch, mildes Aroma.

Herstellung

Um eine gute, geschlossene Gruppierung der Zutaten zu erreichen, ist der Einsatz von Stanniolkapseln, Kuvertüre- oder Krokantbödelchen (Seiten 30 und 74) erforderlich. Außerdem werden für den Zusammenhalt der Rohkost-Pralinen Vollmilch- oder Halbbitter-Kuvertüre, Nougat- oder Marzipanmasse benötigt.

Dickzucker- wie Trockenfrüchte in kleine Stücke schneiden, ausgenommen Sultaninen und Korinthen. Die Ölsamenkerne von den Schalen befreien, die Samenhäute immer ablösen und bei Bedarf ebenfalls Stücke in der passenden Größe schneiden.

Die Mischungen jeweils so zusammenstellen, daß eine Hälfte aus Früchten und die andere aus Kernen besteht. Bei der Fruchtauswahl darauf achten, daß mindestens eine Fruchtsorte mit Säuregehalt dabei ist. Eine Rohkost-Praline sollte zwischen 6 und 8 verschiedene Zutaten haben. Die Zutaten vorbereiten.

In Stanniolkapseln

Wer Rohkost-Pralinen zum ersten Mal selbst herstellt, ist gut beraten, Stanniolkapseln einzusetzen. Der Arbeitsablauf ist immer der gleiche. Nur die Zutaten können und sollten sich ändern, auch in der Zusammensetzung. Sie stehen dafür in ausreichender Auswahl zur Verfügung.

In die Stanniolkapseln einen großen Punkt temperierter Kuvertüre auf den Boden dressieren. Die vorbereiteten Früchte und Kerne in die Kuvertüre eindrücken. Dabei die Mischung so placieren, daß auch das Auge an der Komposition Freude hat. Nicht vergessen: unter den Früchten gibt es welche mit anregenden Farben, die letztlich für ein appetitliches Arrangement sorgen.

Auf Bödelchen

Bei der Verwendung von Kuvertüre- oder Krokantbödelchen wird ebenfalls zur Befestigung der Früchte und Kerne Kuvertüre, Nougat oder Marzipan verwendet. Auf die Bödelchen wird eine der Massen aufdressiert und die Zutaten eingesteckt. Da bei den Bödelchen der seitliche Halt fehlt, müssen die Zutaten etwas nach innen gerichtet sein.

Bei den Bödelchen sieht es sehr gut aus, wenn die damit hergestellten Rohkost-Pralinen mit Kuvertüre maskiert werden. Man überzieht die Pralinen also nur so weit, daß das Bödelchen und die aufgespritzte Masse überzogen sind. Dafür die Praline auf einer Pralinengabel in die Kuvertüre eintauchen.

Statt Kuvertüre bzw. Krokant sind Nougat und Marzipan ein gleich guter Untergrund. Es bleibt jedem überlassen, nach seinem eigenen Geschmack zu entscheiden, welche Masse er einsetzt.

Ohne Hülle, ohne Boden

Fehlen Stanniolkapseln oder Bödelchen, werden die Zutaten in einer Schüssel mit der Hand gut gemischt. Vollmilch- oder Halbbitter-Kuvertüre temperieren und die auf Zimmertemperatur erwärmten Zutaten mit der Kuvertüre vermischen. Mit einem Teelöffel auf Backpapier kleine Häufchen aufsetzen. Fest werden lassen. Das Mischungsverhältnis für diese Rohkost-Pralinen ist 1 Teil Früchte, mit Kernen gemischt, und 1 Teil Kuvertüre.

Tee-Konfekt

Tee-Konfekt

GRUNDSÄTZLICHES

Diese kleinen, köstlichen Bissen, frisch und knusprig selbst gebacken, sind immer wieder die I-Tüpfelchen zu einer gemütlichen Kaffeestunde, zur exclusiven Teestunde oder am Abend im geselligen Kreis am Kaminfeuer. Und hübsch als Geschenk verpackt, werden sie jederzeit Freude bereiten. Die folgenden Rezepte bringen eine große Auswahl von Kreationen, die jeder ohne besondere Schwierigkeiten selbst herstellen kann.

Versuchen Sie bitte nicht, frei aus der Hand »nach Gefühl« zu arbeiten, beginnend mit der Selbstbestimmung der Zutaten nach Art und Gewicht bis hin zum Festsetzen eigener Temperaturen und Zeiten für den Backofen. Abgesehen davon, daß diese Strategie sehr viel Geld kostet, werden Sie dem Erfolg nacheilen müssen, ohne am Mißgeschick etwas zu ändern. Doch so ein Ärger muß nicht sein. Bevor Sie an die Arbeit gehen, lesen Sie bitte aufmerksam die folgenden Hinweise für die Herstellung von Tee-Konfekt. Wenn Sie diese Hinweise beachten und die Rezepte wie vorgegeben befolgen, haben Sie den Erfolg schon in der Tasche oder besser gesagt, auf dem Backblech liegen.

Das Tee-Konfekt hat als Ausgangsprodukt bis auf ganz wenige Ausnahmen stets einen Mürbeteig. Die Zutaten zu den einzelnen Mürbeteigen sind unterschiedlich. Manchmal unterscheiden sie sich nur durch Kleinigkeiten, aber auch diese müssen beachtet werden, wenn das Rezept entsprechend gelingen soll. Gerade beim Tee-Konfekt spielen Konsistenz und Geschmack in immer wieder anders zusammengesetzter Art eine wichtige, wenn nicht gar ausschlaggebende Rolle.

Zutaten

Das Tee-Konfekt stellt an die Zutaten höchste Ansprüche. Verwenden Sie nur beste Mehle, gute Butter, frische Eier, Puderzucker oder, wenn dieser nicht greifbar ist nur feinsten Zucker. Bei der Verwendung von einfachem feinen Zucker besteht die Gefahr, daß ein zu hoher Anteil nicht gelöster Zuckerkristalle den Teig beim Backen in die Breite treibt.

Nur Vollmilch- oder Halbbitter-Kuvertüren verwenden, keinesfalls Fettglasuren.

Konfitüren sollen mindestens 50% Fruchtanteil haben.

Die Herstellung der Konfektteige

Achtung: Es gibt in der grundsätzlichen Teigherstellung einige Ausnahmen, die jeweils in den Rezepten ausgewiesen werden!

Konfektteige sind sehr empfindlich gegen Wärme und zu starke mechanische Beanspruchung. Für die Teigbereitung ist deshalb stets zu beachten:

▷ Kühle Temperaturen für Zutaten und Arbeitsgeräte!
▷ Die kalte Butter in kleine Stücke schneiden und bis zur Verwendung kühl stellen.
▷ Kalte Eier verwenden.
▷ Die Zutaten genau abwiegen.
▷ Das Mehl-Speisestärke-Gemisch und ebenso den Puderzucker sieben.
▷ Beim Aufarbeiten des Teiges keinen starken Druck ausüben.

Arbeitsablauf

Das Mehl, je nach Rezept mit Speisestärke vermischt, auf eine, wenn möglich, Marmorplatte sieben (die Marmorplatte garantiert für eine gewisse Kühlhaltung der Zutaten). In das Mehl eine Mulde drücken, den Puderzucker oder feinsten Zucker – je nach Rezept auch gemahlene Nüsse/Mandeln und Marzipanrohmasse – hineingeben, die Butterstücke auf dem Mehlrand verteilen und mit einem Pfannenmesser oder einer Palette so lange alles durchhacken, bis Butter, Mehl und Zucker krümelig vermengt sind. Jetzt Eier und/oder Flüssigkeiten (Milch und Wasser) in eine gedrückte Vertiefung der Mehl-Butter-Masse geben, evtl. noch weitere Zutaten laut Rezept, und alles sehr schnell mit kalten Händen zu einem glatten Teig verarbeiten.

Den fertigen Teig sofort in ein Tuch oder Stanniolpapier fest einwickeln und für mindestens 2–3 Stunden in den Kühlschrank legen (es schadet nicht, wenn er über Nacht darin liegen bleibt). Der Konfektteig muß gut durchgekühlt sein, damit er fest wird. Nur so läßt er sich gut ausrollen. Wird der Teig beim Verarbeiten einmal zu weich, nicht weiterarbeiten, sondern fest zusammendrücken, in das Tuch oder Stanniolpapier einschlagen und in den Kühlschrank legen, bis er wieder fest geworden ist.

Die Formen und die dafür erforderlichen Ausstecher werden in den Rezepten genau angegeben, ebenso die weitere Verarbeitung, wie z.B. Füllung, Kuvertüreüberzug, Garnierung usw. Die Konfektteige können alle auch mit der Küchenmaschine hergestellt werden, sofern die Küchenmaschine einen Knethaken hat

(es darf kein Messer sein) und über eine sogenannte Momentschaltung verfügt. Immer nur kurz schalten, das heißt, kurz laufen lassen. Sobald eine krümelige Masse entstanden ist, aus der Maschine herausnehmen und schnell mit möglichst kühlen Händen einen Teig arbeiten, in Alufolie einschlagen und in den Kühlschrank legen.

Die folgenden Rezepte werden nach diesem grundsätzlichen Arbeitsablauf zubereitet. Ganz nach Ihrem persönlichen Geschmack geben sie Ihnen die Möglichkeit, eigene Kompositionen zu schaffen.

Mandel-Konfektteig

200 g Weizenmehl Type 405
100 g Butter
80 g feinster Zucker
70 g gemahlene Mandeln
1 Eigelb
½ TL Citro-back
½ TL gemahlener Zimt

Haselnuß-Konfektteig

200 g Weizenmehl Type 405
125 g Butter
75 g Puderzucker
60 g geröstete, sehr fein gemahlene Haselnüsse
1 Eigelb
⅓ Beutel Vanille-Aroma
½ TL gemahlener Zimt

Nuß-Mandel-Konfektteig

200 g Weizenmehl Type 405
100 g Butter
100 g Puderzucker
50 g feingemahlene Mandeln
60 g feingemahlene Haselnüsse
1 Eigelb
½ TL Citro-back
1 Prise Salz
½ TL frisch geriebene Muskatnuß
½ TL gemahlener Zimt

Marzipan-Nuß-Konfektteig

200 g Weizenmehl Type 405
50 g Speisestärke
60 g Puderzucker
120 g Marzipanrohmasse
60 g feingemahlene Haselnüsse
1 Eigelb
1 Beutel Citro-back

Schokoladen-Konfektteig

150 g Weizenmehl Type 405
50 g Speisestärke
150 g Butter
80 g Puderzucker
1 Eigelb
50 g flüssige, nicht warme
Halbbitter-Kuvertüre
(Die Kuvertüre als letzte Zutat zugeben, sobald nach dem Durchhacken der krümelige Teig entstanden ist.)

Käse-Konfektteig

200 g Butter
240 g geriebener Allgäuer oder Schweizer Emmentaler oder Parmesan
Salz und Pfeffer, Rosenpaprika
240 g Mehl
(Butter, Käse und Gewürze gut verrühren, dann erst das gesiebte Mehl unterwirken.)

Hinweise

▷ Das Backen von Tee-Konfekt soll immer auf mit Backpapier belegten Blechen erfolgen. So wird sichergestellt, daß der Geschmack nicht negativ beeinflußt werden kann.

▷ Eine Geschmacksintensivierung wird durch richtiges Ausbacken erreicht. Achten Sie auf die angegebenen Backzeiten und Backhinweise in den Rezepten.

▷ Canache-, Marzipan- und Nougatfüllungen sind mit dem Frischhaltemittel Karion-F flüssig anzureichern, sofern diese Tee-Konfekte über einen Zeitraum von ca. 10 Tagen hinaus aufbewahrt werden sollen. Diese Füllungen können aufgrund des Fettgehalts seifig (ranzig) werden.

▷ Die Aufbewahrung von Tee-Konfekt sollte bei einer Raumtemperatur zwischen 18 und 22 °C und möglichst in verschließbaren Dosen erfolgen.

KONFEKT ZUM TEE

Schwarz-Weiß-Konfekt
Foto

Weißer Teig
500 g Weizenmehl Type 405
100 g Speisestärke
100 g Eier (2–3 Eier verquirlen und dann abwiegen)
1 Prise Salz
1 Beutel Vanille-Aroma
400 g Butter
200 g Puderzucker

Schwarzer Teig
420 g Weizenmehl Type 405
80 g Speisestärke
1 Ei
100 g Halbbitter-Kuvertüre
1 Prise Salz
350 g Butter
200 g Puderzucker

Für beide Teige ist die Herstellung in etwa gleich. Eine Abweichung beim schwarzen Teig ist lediglich die Kuvertüre.

Mehl und Speisestärke auf eine Arbeitsfläche sieben, in die Mitte eine Mulde drücken. In diese Mulde die Eier und das Vanille-Aroma (weißer Teig) bzw. das Ei und die in etwas warmem Wasser aufgelöste Halbbitter-Kuvertüre (schwarzer Teig) geben und das Salz. Die kalte Butter in kleine Stücke schneiden und auf dem Mehl verteilen. Zuletzt den Puderzucker darübersieben. Mit einem Pfannenmesser oder einer Palette die Zutaten durchhacken, bis ein krümeliger Teig entstanden ist. Jetzt rasch und mit möglichst kalten Händen einen glatten Teig kneten.

Den Teig in Alufolie wickeln und etwa 2 Stunden in den Kühlschrank legen. Es ist ratsam, erst den weißen und anschließend den schwarzen Teig herzustellen.

Wie auf dem Bild ersichtlich, können aus dem hellen und dunklen Konfektteig verschiedene Muster zusammengesetzt werden, so daß eine optisch variable Auswahl zur Verfügung steht. Lassen Sie Ihrer Phantasie dabei freien Lauf. Aber immer gilt: Die Teige so zusammensetzen, daß der weiße Teig beim Konfekt außen ist. Das heißt, für jede Konfektform eine Platte von etwa 2 mm Dicke ausrollen und darin dann die jeweiligen weißen und schwarzen Teile einsetzen. Beim Einsetzen die Teile mit Wasser anstreichen. Die fertigen Rollen oder Stangen jeweils in Alufolie einschlagen und über Nacht in den Kühlschrank stellen. Am anderen Morgen gleichmäßige Scheiben von etwa 5 mm Dicke abschneiden und auf mit Backpapier ausgelegte Backbleche legen, genügend Abstand halten. Backofen vorheizen.

Backzeit	12–15 Minuten
Elektroherd	180 °C
Gasherd	Stufe 2
Heißluftherd	160 °C

Gefülltes Butter-Konfekt

200 g Butter
100 g Puderzucker
100 g Marzipanrohmasse
65 g Eier (2 Eier verquirlen und davon 65 g abwiegen)
1 Beutel Vanille-Aroma
1 Prise Salz
200 g Weizenmehl Type 405
100 g Speisestärke

Füllung
200 g Marzipanrohmasse
50 g Orangenmarmelade
40 g Cointreau

Butter, Puderzucker und Marzipanrohmasse schaumig rühren. Nach und nach die Eier, Vanille-Aroma und das Salz unterrühren. Mehl und Speisestärke sieben und unterziehen. In einen Spritzbeutel mit mittlerer Lochtülle füllen und auf ein mit Backpapier ausgelegtes Backblech kleine, runde Plätzchen aufspritzen. Im vorgeheizten Backofen backen.

Backzeit	8–10 Minuten
Elektroherd	170 °C
Gasherd	Stufe 2
Heißluftherd	150 °C

Für die Füllung die Marzipanrohmasse mit der durchpassierten Orangenmarmelade und dem Cointreau glattrühren. Sollte sie etwas zu fest sein, noch passierte Orangenmarmelade nachgeben. Die Füllmasse so auf die Hälfte der kalten Plätzchen aufspritzen, daß die Füllung knapp mit dem Rand abschließt. Mit den restlichen Plätzchen zusammensetzen und leicht andrücken.

Tee-Konfekt

Vanillebrezeln

320 g Weizenmehl Type 405
2 Eigelb
ausgeschabtes Mark
von ½ Vanilleschote
1 Prise Salz
100 g Puderzucker
200 g Butter
Vanille-Puderzuckerglasur
aus 3 cl Wasser und
150 g Puderzucker

Das Mehl auf eine Arbeitsplatte sieben und in die Mitte eine kleine Mulde drücken. Eigelb, Vanillemark und Salz in die Mulde geben. Den Puderzucker darübersieben. Die kalte Butter klein schneiden und auf dem Mehlrand verteilen. Mit einem Pfannenmesser oder einer Palette alles durchhacken, bis ein krümeliger Teig entstanden ist. Jetzt sofort mit möglichst kalten Händen einen glatten Teig arbeiten, in Alufolie fest einpacken und für gut 1 Stunde in den Kühlschrank legen. Anschließend ca. 5 mm dicke Stränge rollen und in ca. 10 cm lange Stücke schneiden; daraus Brezeln formen und auf ein mit Backpapier belegtes Backblech legen. Im vorgeheizten Ofen backen.

Backzeit   ca. 10 Minuten
Elektroherd   180 °C
Gasherd   Stufe 2
Heißluftherd   160 °C

Nach dem Backen auf einem Kuchengitter abkühlen lassen. Mit Vanillestaubzucker-Glasur glasieren.

Blätterteig-Brezeln

1 Paket TK-Blätterteig (300 g)
150 g Fondant
1 EL Rum, 54 Vol.-%

Den Blätterteig auftauen, ausrollen, dann mehrmals zusammenlegen, ausrollen, wieder zusammenlegen und zu einer Kugel formen. Wieder ausrollen und die Platte erneut zu einer Kugel zusammendrücken, in ein Tuch einschlagen und ½ Stunde in den Kühlschrank legen. Das ist notwendig, damit der Teig für die kleinen Brezeln nicht zu stark blättert. Anschließend nach Möglichkeit auf einer Marmorplatte etwa 4–5 mm dick ausrollen. Mit einem glatten Teigrädchen Streifen von 2 cm Breite ausradeln. Die Streifen in 12 cm lange Stücke schneiden. Jetzt jedes Stück mit beiden Händen jeweils am Ende anfassen, entgegengesetzt zu losen Spiralen drehen, die dann zu Brezeln geformt werden. Auf ein mit Wasser benetztes Blech legen. Vor dem Backen 15 Minuten ruhen lassen. Im vorgeheizten Ofen backen.

Backzeit   ca. 10 Minuten
Elektroherd   200 °C
Gasherd   Stufe 3
Heißluftherd   180 °C

Nach dem Backen abkühlen lassen. Den erwärmten Fondant mit Rum aromatisieren und die Brezeln damit überziehen.

Tee-Konfekt-Mischung

900 g Weizenmehl Type 405
600 g Butter
1 Ei
3 Eigelb
1 Beutel Vanille-Aroma
1 Prise Salz
300 g Puderzucker
50 g Himbeerkonfitüre
1 EL Kakaopulver
120 g ganze braune Mandeln
1 Ei zum Bestreichen
150 g feine Kokosraspel
Puderzuckerglasur aus 1 Eiweiß
und 60 g Puderzucker
30 g Vollmilch-Kuvertüre

Das Mehl auf eine Arbeitsfläche sieben, in die Mitte eine Mulde drücken. Die kalte Butter in kleine Stücke schneiden und auf dem Mehlrand verteilen. In die Mulde Ei und Eigelb, Vanille-Aroma und Salz geben. Den Puderzucker über das ganze sieben. Mit einem Pfannenmesser oder einer Palette alles durchhakken, bis ein krümeliger Teig entstanden ist. Dann schnell mit möglichst kalten Händen einen glatten Teig arbeiten, zu einem Rechteck formen, in Alufolie einpacken und für etwa 2 Stunden in den Kühlschrank legen. Anschließend den Teig in drei Teile teilen und jedes Teigdrittel getrennt verarbeiten zu Himbeerscheibli, Mandelbrötli und Kokosbissen.

Himbeerscheibli: Rollen von etwa 3 cm Durchmesser formen, in Alufolie einpacken und 2 Stunden in den Kühlschrank legen. Anschließend etwa 5 mm dicke Scheiben abschneiden und auf ein mit Backpapier ausgelegtes Backblech legen. In

die Mitte der Scheiben mit Himbeerkonfitüre einen Punkt aufdressieren.

Mandelbrötli: Vom zweiten Teigdrittel ein Viertel abnehmen und mit Kakaopulver einfärben. Unter den verbleibenden Teig ganze braune Mandeln kneten. Aus dem Teig eine rechteckige Stange von 2 × 3 cm formen und in den ausgerollten Schokoladenteig einschlagen. Damit der so entstehende Schokoladenrand nicht vom Teig abfallen kann, den ausgerollten Schokoladenteig vor dem Einlegen des Mandelteigs mit Wasser dünn einstreichen. In Alufolie verpacken und 2 Stunden in den Kühlschrank legen. Anschließend etwa 5 mm dicke Scheiben abschneiden. Dafür ein sehr scharfes Messer verwenden, damit beim Durchschneiden der Mandeln die Gebäckform nicht verloren geht. Die Mandelbrötli auf ein mit Backpapier ausgelegtes Backblech legen und mit verquirltem Ei bestreichen.

Kokosbissen: Unter das letzte Teigdrittel die Kokosraspel wirken. Rechteckige Stangen von 2 × 3 cm formen, in Alufolie verpacken und etwa 2 Stunden in den Kühlschrank legen. Anschließend etwa 5 mm dicke Scheiben abschneiden. Auf ein mit Backpapier ausgelegtes Backblech legen und mit verquirltem Ei bestreichen.

Alle drei Gebäcke im vorgeheizten Ofen backen.

Backzeit	12–15 Minuten
Elektroherd	180 °C
Gasherd	Stufe 2
Heißluftherd	160 °C

Während des Backens die Puderzuckerglasur herstellen und nach dem Backen den Himbeerkonfitürenpunkt sofort mit der Puderzuckerglasur abdecken. Die ausgekühlten Kokosbissen mit Vollmilch-Kuvertüre überspinnen. Die Mandelbrötli bleiben wie gebacken.

Linzer Nuß-Konfekt

Linzer Teig
200 g Butter
100 g Puderzucker
1 Ei
1 Eigelb
1 gestrichener TL Zimt
1 gestrichener TL gemahlene Nelken
1 Beutel Citro-back
ausgeschabtes Mark von ½ Vanilleschote
300 g Weizenmehl Type 405
80 g frisch geröstete, feingemahlene Haselnüsse
Creme und Überzug
300 g dunkler Nougat
150 g Erdnußfett
2 TL Karion-F flüssig
200 g Vollmilch-Kuvertüre
ca. 60 halbe Walnüsse

Butter, Puderzucker, Ei und Eigelb, Zimt, Nelken, Citro-back und Vanillemark zu einer glatten Masse arbeiten. Das gesiebte Mehl und die gemahlenen Haselnüsse daruntergeben und glatt verarbeiten. Eine Kugel formen, in Alufolie einwickeln und für eine gute Stunde in den Kühlschrank legen. Anschließend den Teig ca. 2 mm dick ausrollen und mit einem runden Ausstecher Scheiben von 3,5–4 cm Durchmesser ausstechen. Auf ein mit Backpapier ausgelegtes Backblech legen. Im vorgeheizten Backofen backen.

Backzeit	8–10 Minuten
Elektroherd	170 °C
Gasherd	Stufe 2
Heißluftherd	150 °C

Den Nougat leicht anwärmen, bis er gut weich ist. Dabei nicht zu warm werden lassen! Das Erdnußfett wenig erwärmen und mit dem Nougat unter Zugabe von Karion-F schaumig rühren. Wenn das Linzer Nuß-Konfekt innerhalb einer Woche verzehrt wird, kann die Zugabe von Karion-F unterbleiben. Die fertige Nougatmasse in einen Spritzbeutel mit mittelgroßer Lochtülle füllen und auf die erkalteten Scheiben kleine Kuppeln aufdressieren. Absteifen lassen, das heißt, die Nougatmasse muß erstarren, fest werden. Erst dann die Kuvertüre temperieren und das Konfekt damit überziehen. Auf jede Kuppel eine halbe Walnuß setzen.

Amaretto-Konfekt

400 g Marzipanrohmasse
4 EL Amaretto di Saronno
3 Eiweiß
100 g feinster Zucker
25–30 kleine, runde Oblaten
1 Beutel Kuchenglasur Zitrone
oder Fondant weiß
rote Lebensmittelfarbe
13–15 rote, grüne und gelbe
Belegkirschen

Die Marzipanrohmasse in kleine Stücke reißen und weich kneten, dann nach und nach den Likör unterarbeiten. Eiweiß sehr steif schlagen, den Zucker langsam einrieseln lassen. Den Eischnee behutsam mit der Marzipanmasse verarbeiten. Einen Spritzbeutel mit einer Sterntülle von 10 mm Durchmesser versehen und die Masse in den Spritzbeutel füllen. Die Oblaten auf ein mit Backpapier ausgelegtes Backblech legen und die Marzipanmasse aufspritzen. Das Konfekt anschließend gut 2 Stunden an der Luft trocknen lassen. Im vorgeheizten Ofen mehr trocknen als backen.

Backzeit	35–40 Minuten
Elektroherd	160 °C
Gasherd	Stufe 1–2
Heißluftherd	140 °C

Nach dem Backen abkühlen lassen. Die Glasur im Wasserbad erwärmen, mit der Lebensmittelfarbe ganz zartrosa tönen und das Konfekt damit überziehen. Die Belegkirschen halbieren und jeweils eine Hälfte auf jedes Konfektstück legen, solange die Glasur noch nicht fest geworden ist. In einer Keksdose ist das Konfekt sehr lange haltbar.

Florentiner-Konfekt

Foto

300 g süße Sahne
150 g Zucker, 90 g Honig
30 g Glykosesirup
60 g feingehacktes Orangeat
60 g feingehacktes Zitronat
300 g gehobelte Mandeln
40 g rote Belegkirschen
250 g Halbbitter-Kuvertüre
Gummiarabikum

Für die Herstellung ist ein Zuckerthermometer erforderlich!
In einem Edelstahltopf die Sahne mit dem Zucker, Honig und Glykosesirup auf 112,5 °C bzw 90 °R kochen. Der Topf sollte so groß sein, daß er nur halb voll ist. Die Masse kocht auf! Ist die Kochtemperatur erreicht, den Topf sofort von der Platte nehmen und Orangeat, Zitronat und Mandeln gleichmäßig unterziehen. Drei Backbleche mit Backpapier auslegen. Einen runden Ausstecher von ca. 5 cm Durchmesser bereitlegen. Nun mit einem Teelöffel, jeweils einen gehäuften Löffel voll, die Masse auf das Backpapier setzen und mit nassen Fingern rund und flach drücken. Den Ausstecher zum Formen nehmen, vorher kurz in kaltes Wasser tauchen, zwischendurch mal abwischen. Die ersten Florentiner werden etwas Mühe bereiten, nachher aber wird es ganz flott von der Hand gehen. Eile ist dabei auch nicht geboten; denn selbst wenn die Masse erkaltet ist, lassen sich die Florentiner einwandfrei formen. Auf jeden Florentiner in die Mitte eine geviertelte Belegkirsche setzen und leicht andrücken. Im vorgeheizten Ofen backen.

Backzeit	13–16 Minuten
Elektroherd	210 °C
Gasherd	Stufe 3–4
Heißluftherd	190 °C

Zum Backen: Die Mandeln der Florentiner sollen goldgelb aussehen, dann sind sie gut. Bis dahin werden Sie beim Backen allerdings noch gefordert. Die Florentiner haben die Eigenschaft, in die Breite zu laufen. 2–3 mal müssen sie während des Backens mit dem Ausstecher wieder in Form gebracht werden. Dafür den Ausstecher kurz in Wasser tauchen, schräg halten und so die Masse wieder zusammenziehen und dabei rund formen. Es darf keinesfalls »ausgestochen« werden. Beim Zusammenziehen darauf achten, daß keine Hügel und Täler entstehen. Keine Angst, es geht wunderbar, man braucht dafür kein Meister zu sein. Die Backbleche nacheinander abbacken, nicht zusammen, z.B. im Heißluftherd. Es gäbe dann Probleme mit dem notwendigen Nachformen.
Das gebackene Florentiner-Konfekt ganz erkalten lassen. Die Halbbitter-Kuvertüre erwärmen und das Konfekt auf der Unterseite damit bestreichen. Sobald die Kuvertüre fest geworden ist, darauf noch einmal Kuvertüre streichen und kurz vor dem endgültigen Erstarren mit einem Kammhörnchen in Schlangenlinien Rillen ziehen.
Die Oberfläche mit Gummiarabikum bestreichen. Sie wird dann nicht klebrig.

Mandelbissen

400 g Weizenmehl Type 405
65 g Marzipanrohmasse
1 Eigelb
1 Prise Salz
1 Beutel Citro-back
einige Tropfen Bittermandelöl
300 g Butter
140 g Puderzucker
1 Eigelb und etwas Milch
zum Bestreichen
100 g gehobelte Mandeln

Das Mehl auf eine Arbeitsplatte sieben, in die Mitte eine Mulde drücken. Die Marzipanrohmasse in kleine Stücke reißen und mit dem Eigelb, Salz, Citro-back und Bittermandelöl in die Mulde geben. Die kalte Butter in kleine Stücke schneiden und auf dem Mehl verteilen, den Puderzucker darübersieben. Mit einem Pfannenmesser oder einer Palette alles so lange durchhacken, bis ein krümeliger Teig entstanden ist. Dann sofort mit möglichst kalten Händen einen glatten Teig arbeiten, in Alufolie einwickeln und für etwa 1 Stunde in den Kühlschrank legen. Anschließend ca. 4 mm dick ausrollen. Mit dem glatten Teigrädchen Rechtecke von 2 × 3 cm ausradeln und auf ein mit Backpapier ausgelegtes Backblech legen. Das Eigelb mit wenig Milch verquirlen, die Oberfläche der Rechtecke damit bestreichen und sofort die gehobelten Mandeln darauf verteilen. Die Mandelbissen im vorgeheizten Ofen goldbraun backen.

Backzeit	ca. 12 Minuten
Elektroherd	190 °C
Gasherd	Stufe 2–3
Heißluftherd	170 °C

Schokoladen-Nuß-Sterne

2 Eiweiß
200 g feinster Zucker
1 Beutel Vanille-Aroma
1 Beutel Orange-back
300 g gemahlene Haselnüsse
60 g Halbbitter-Kuvertüre
1 Messerspitze gemahlener
Ingwer
Zucker zum Ausrollen
150 g Halbbitter-Kuvertüre
zum Bestreichen
Zuckerblümchen zum Verzieren

Eiweiß mit Zucker und Vanille-Aroma schnittfest schlagen, die restlichen Zutaten (Kuvertüre aufgelöst) unterkneten. Wenn der Teig noch etwas klebt, gemahlene Haselnüsse zusätzlich unterkneten. Den Teig auf einer gezuckerten Arbeitsfläche ausrollen. Mit einem Sternausstecher von 3,5–4 mm Durchmesser Sterne ausstechen und auf ein mit Backpapier belegtes Backblech legen. Im vorgeheizten Ofen backen.

Backzeit	ca. 30 Minuten
Elektroherd	180 °C
Gasherd	Stufe 2
Heißluftherd	160 °C

Die Sterne abkühlen lassen. Dann mit flüssiger Kuvertüre bestreichen und in die Mitte ein Zuckerblümchen setzen.

Mandelrauten

300 g Weizenmehl Type 405
225 g Butter
100 g feingemahlene Mandeln
130 g Puderzucker
Saft von ½ unbehandelten
Zitrone
oder 1 Beutel Citro-back
180 g gestiftelte Mandeln
150 g Nougat
25 g Kakaobutter oder Kokosfett
150 g Vollmilch-Kuvertüre und
150 g Halbbitter-Kuvertüre
zum Überziehen

Das Mehl sieben, die kalte Butter in Stücke schneiden und auf dem Mehl verteilen. Darüber die gemahlenen Mandeln und den gesiebten Puderzucker geben; eine kleine Mulde in die Mitte drücken und dort hinein den Zitronensaft schütten. Mit einem Pfannenmesser oder einer Palette alles durchhacken, bis ein krümeliger Teig entstanden ist. Jetzt schnell mit möglichst kalten Händen einen glatten Teig arbeiten, in Alufolie verpacken und für gut 1 Stunde in den Kühlschrank legen. Anschließend ca. 1,5 cm dick ausrollen und mit einem glatten Teigrädchen kleine Rechtecke von 3 × 4 cm ausradeln. Auf ein mit Backpapier ausgelegtes Backblech legen und im vorgeheizten Ofen backen.

Backzeit	10–12 Minuten
Elektroherd	180 °C
Gasherd	Stufe 2
Heißluftherd	160 °C

Die gestiftelten Mandeln auf ein mit Backpapier ausgelegtes Blech verteilen und hellbraun rösten, abküh-

len lassen. Den Nougat in eine Schüssel geben, auf einen mit heißem Wasser gefüllten Kochtopf stellen und temperieren. Mit flüssiger Kakaobutter spritzfähig rühren. In einen Spritzbeutel eine Lochtülle von 5 mm Durchmesser einsetzen. Die Nougatmasse einfüllen, auf die ausgekühlten Mandelbödelchen spritzen, sofort die Mandelstifte darauf verteilen und ganz leicht andrükken. Die eine Hälfte der Mandelrauten mit Vollmilch-Kuvertüre und die andere mit Halbbitter-Kuvertüre überziehen.

Englisches Mandel-Konfekt

4 Eigelb
350 g Weizenmehl Type 405
270 g Butter
100 g feingemahlene, leicht geröstete Mandeln
1 Prise Salz
1 Beutel Citro-back
1 gestrichener TL gemahlener Zimt
130 g Puderzucker
1 Eigelb und etwas Milch zum Bestreichen
60 g halbierte Mandeln
Halbbitter-Kuvertüre

Eigelb in kochendem Wasser pochieren, etwas abkühlen lassen und dann durchpassieren. Das Mehl sieben und in die Mitte eine Mulde eindrücken. Die kalte Butter in kleine Stücke schneiden und auf dem Mehl verteilen, ebenfalls die gemahlenen Mandeln. Das passierte Eigelb, Salz, Citro-back und Zimt in die Mulde geben, den Puderzucker darübersieben. Mit einem Pfannen-

messer oder einer Palette alles durchhacken, bis ein krümeliger Teig entstanden ist. Nun schnell mit möglichst kalten Händen einen glatten Teig arbeiten, in eine Alufolie einwickeln und für etwa 40 Minuten in den Kühlschrank legen. Anschließend 10 mm dick ausrollen. Mit einem runden Ausstecher von 4 cm Durchmesser Scheiben ausstechen und auf ein mit Backpapier ausgelegtes Backblech legen. Das Eigelb mit wenig Milch verquirlen und damit die Scheiben bestreichen. Dabei in der Mitte jeder Scheibe eine halbierte Mandel legen und leicht andrücken. Im vorgeheizten Ofen backken.

Backzeit	12–15 Minuten
Elektroherd	180 °C
Gasherd	Stufe 2
Heißluftherd	160 °C

Nach dem Backen auf einem Kuchengitter abkühlen lassen. Die Hälfte des Mandel-Konfekts mit Halbbitter-Kuvertüre überspinnen.

Mandel-Krokant-Konfekt

200 g Weizenmehl Type 405
100 g Speisestärke
150 g Butter
100 g Puderzucker
100 g mittelfeiner Krokant
1 Ei und 1 Eigelb
120 g gehobelte Mandeln
2 Eiweiß
Puderzucker zum Bestäuben

Mehl und Speisestärke auf die Arbeitsfläche sieben, in die Mitte eine Mulde drücken. Die kalte Butter klein schneiden und auf dem Mehlrand verteilen. Den Puderzucker darübersieben, Krokant darauf verteilen. In die Mulde das Ei und das Eigelb geben. Mit einem Pfannenmesser oder einer Palette die Zutaten durchhacken, bis ein krümeliger Teig entstanden ist. Jetzt sofort mit möglichst kalten Händen einen glatten Teig arbeiten, in Alufolie einwickeln und über Nacht im Kühlschrank liegen lassen. Am anderen Morgen etwa 5 mm dicke Scheiben abschneiden und auf ein mit Backpapier ausgelegtes Backblech legen. Die Scheiben mit verquirltem Eiweiß bestreichen und mit den gehobelten Mandeln bestreuen. Im vorgeheizten Ofen backen. Nach dem Erkalten mit Puderzucker bestäuben.

Backzeit	ca. 12 Minuten
Elektroherd	180 °C
Gasherd	Stufe 2
Heißluftherd	160 °C

Aprikosenscheibli

300 g Weizenmehl Type 405
60 g Marzipanrohmasse
200 g Butter
1 Eigelb
1 Beutel Vanille-Aroma
1 Beutel Citro-back
2–3 Tropfen Bittermandelöl
90 g Puderzucker
60 g schwach geröstete, gehobelte Mandeln
100 g Aprikosenkonfitüre

Das Mehl auf eine Arbeitsfläche sieben. Die Marzipanrohmasse in kleine Stücke reißen und auf dem Mehl verteilen. Die kalte Butter klein schneiden und ebenfalls auf dem Mehl verteilen. Eine kleine Mulde in das Mehl drücken und Eigelb, Vanille-Aroma, Citro-back und Bittermandelöl hineingeben. Den Puderzucker über das Mehl sieben. Mit einem Pfannenmesser oder einer Palette die Zutaten durchhacken, bis ein krümeliger Teig entstanden ist. Jetzt sehr schnell mit möglichst kalten Händen einen glatten Teig arbeiten, in Alufolie einschlagen und für gut 1 Stunde in den Kühlschrank stellen. Anschließend Rollen von 3 cm Durchmesser formen und in den Mandeln wälzen. Nochmal im Kühlschrank fest werden lassen und dann 5 mm dicke Scheiben abschneiden, auf ein mit Backpapier ausgelegtes Backblech legen. In die Mitte der Scheibli einen Tupfer Aprikosenkonfitüre aufdressieren. Im vorgeheizten Ofen backen.

Backzeit	10–12 Minuten
Elektroherd	180 °C
Gasherd	Stufe 2
Heißluftherd	160 °C

Walnußscheibli

280 g Weizenmehl Type 405
70 g Speisestärke
½ TL Backpulver
230 g Butter
110 g Puderzucker
120 g feingemahlene Walnüsse
1 Ei, 1 Prise Salz
1 Beutel Citro-back
1 TL gemahlener Zimt
1 Eigelb und etwas Milch zum Bestreichen
100 g Halbbitter-Kuvertüre zum Überziehen
100 g kandierte Walnußstücke

Mehl und Speisestärke mit dem Backpulver sieben. Die kalte Butter in kleine Stücke schneiden und auf dem Mehl verteilen, den Puderzucker darübersieben, die gemahlenen Walnüsse darübergeben. Eine kleine Mulde in die Mitte drücken, das Ei, Salz, Citro-back und Zimt hineingeben. Mit einem Pfannenmesser oder einer Palette alles so lange durchhacken, bis ein krümeliger Teig entstanden ist. Jetzt sofort mit möglichst kalten Händen einen glatten Teig arbeiten, in Alufolie einwickeln und für 1 Stunde in den Kühlschrank legen. Anschließend etwa 4 mm dick ausrollen und mit einem runden Ausstecher von 3 cm Durchmesser Scheiben ausstechen. Auf ein mit Backpapier ausgelegtes Backblech legen. Das Eigelb mit wenig Milch verquirlen und die Oberfläche der Scheibli damit bestreichen. Im vorgeheizten Ofen backen.

Backzeit	10–12 Minuten
Elektroherd	190 °C
Gasherd	Stufe 2–3
Heißluftherd	170 °C

Auf einem Kuchengitter auskühlen. Mit Kuvertüre halb überziehen und jeweils ein Stück kandierte Walnuß auflegen, solange die Kuvertüre noch weich ist.

Knusper-Konfekt

Foto

125 g Butter
180 g Zucker
1 Ei
ausgeschabtes Mark von ½ Vanilleschote
200 g Weizenmehl Type 405
½ TL Backpulver
1 Prise Salz
100 g kandierte Walnußstücke
2 Päckchen Schokoladen-Tröpfchen

Butter und Zucker schaumig rühren, das Ei unterschlagen und das Vanillemark hinzufügen. Das Mehl mit dem Backpulver sieben, das Salz hinzugeben und zügig unter die Buttermasse rühren. Dann die Walnußstückchen und die Schokoladen-Tröpfchen einarbeiten. Auf ein mit Backpapier belegtes Backblech mit einem Teelöffel walnußgroße Häufchen setzen. Zwischen den Häufchen einen Abstand von etwa 7 cm einhalten. Im vorgeheizten Ofen hellbraun backen. Auf dem Backblech einige Minuten abkühlen lassen, bevor das Konfekt heruntergenommen wird.

Backzeit	10–12 Minuten
Elektroherd	190 °C
Gasherd	Stufe 2–3
Heißluftherd	170 °C

WEIHNACHTS-KONFEKT

Dominosteine

Dieses Rezept sieht im ersten Augenblick etwas schwierig aus, ist es aber gar nicht, man muß nur etwas Zeit mitbringen. Dafür gibt's Dominosteine eigener Herstellung.

Lebkuchenteig
350 g Honig
150 g Zuckerrübensirup
⅛ l Vollmilch
60 g Butter
300 g Weizenmehl Type 405
200 g Weizenmehl Type 1050
12 g Lebkuchengewürz
1 Beutel Citro-back
1 Beutel Orange-back
2 Eier
12 g Pottasche
3 EL Rum, 54 Vol.-%

Füllungen
200 g passiertes Himbeermark
200 g Quittenmark
500 g Gelierzucker
Saft von ½ unbehandelten Zitrone
400 g Marzipanrohmasse
100 g Puderzucker
30 g Glykosesirup
1 TL Rosenwasser
120 g Quittengelee
450 g Halbbitter-Kuvertüre zum Überziehen

Ein Backblech, Größe 30 × 38 cm, mit Backpapier belegen, an den Seiten hochziehen, die offene Seite mit Alufolie schließen. Die Zutaten ergeben ca. 150 Dominosteine.

Den Honig mit dem Zuckerrübensirup, der Milch und der Butter einmal aufkochen, erkalten lassen. Alles Mehl mit dem Lebkuchengewürz in eine ausreichend große Schüssel sieben. Sobald die Honigmasse kalt ist, Citro-back, Orange-back und die Eier unterziehen. Nun die Honigmasse in das Mehl rühren. Die Pottasche im Rum auflösen und sofort unterrühren. Den fertigen Teig auf das Backpapier streichen, dazu eine Palette nehmen, damit der Teig gleichmäßig verteilt wird. Im vorgeheizten Ofen backen. Dabei die Backofentür mit einem Holzlöffelstiel einen kleinen Spalt öffnen, damit der Schwaden abziehen kann.

Backzeit 25–30 Minuten
Elektroherd 180°–200°C
Gasherd Stufe 2–3
Heißluftherd 160°–180°C

Die fertige Lebkuchenplatte mit dem Backpapier vom Blech auf ein Kuchengitter ziehen und auskühlen lassen. Anschließend die ganze Platte mit einem sehr scharfen, langen Messer, am besten mit einem Tortenmesser, in voller Länge in zwei Lagen schneiden. Die oberste Lage vorsichtig auf ein sauberes Backblech heben. Diese oberste Kapsel sollte dabei keinesfalls reißen. Die untere Lage auf dem Backpapier belassen und wieder auf das Backblech ziehen und aus Alufolie rundherum einen Rand von ca. 2–3 cm Höhe aufstellen. An den Ecken muß dieser Rand geschlossen sein.

Für die Füllung das Himbeer- und Quittenmark, den Gelierzucker und den Zitronensaft aufkochen und 2 Minuten kochen lassen. Die Kochzeit beginnt, sobald beim Rühren das gesamte Kochgut kräftig sprudelt. Zwei Drittel des fertigen Gelees noch heiß auf die untere Lebkuchenplatte gießen und gleichmäßig verstreichen. Das Gelee abkühlen lassen und kurz vor dem Erstarren die andere Lebkuchenplatte auf die Geleeschicht auflegen. Ein leeres Kuchenblech, dessen Boden nicht verzogen sein darf, darauflegen, dabei etwas andrücken. Beiseite stellen.

Aus der Marzipanrohmasse, dem gesiebten Puderzucker, Glykosesirup und Rosenwasser die Marzipanfüllung anwirken, dafür kann eine kühle Schüssel genommen werden. Die Marzipanrohmasse in kleine Stücke reißen. Den Puderzucker daraufsieben, Glykosesirup und das Rosenwasser dazugeben. Mit kühlen Händen alles zu einer glatten Masse verarbeiten. Die fertige Marzipanmasse zu einem Rechteck formen und möglichst auf einer Marmorplatte, die leicht mit Puderzucker bestäubt wird, zu einer Platte in Backblechgröße gleichmäßig ausrollen. Mit dem Rollholz nicht zu stark drücken, zwischendurch etwas Puderzucker auf die Marmorplatte sowie auf die Oberfläche des Marzipans sieben. Dafür muß die Marzipandecke vorsichtig mit der Hand abgehoben werden. Wichtig ist, die Fläche gleichmäßig dick auszurollen. Die Marzipandecke soll etwa 3 mm dick sein.

Das Blech jetzt vom Lebkuchen herunternehmen. Das wieder erhitzte restliche Quittengelee gleichmäßig aufstreichen. Die Marzipandecke sehr vorsichtig mehrmals übereinanderschlagen und auf dem Lebkuchen wieder auslegen. Auch beim Abrollen der Marzipandecke behutsam vorgehen, damit sie nicht einreißt. Die Marzipandecke muß ganz

glatt auf der Lebkuchenfläche auflie- gen. Auf die Marzipandecke die Marmorplatte zur Beschwerung auf- legen. Wer keine hat, nimmt ein Backblech – dieses darf nicht ver- worfen sein – und stellt einige Bü- cher oder Gewichte von etwa insge- samt 5–6 kg darauf. Dabei darauf achten, daß die Beschwerung so ge- legt wird, daß das Blech gleichmä- ßig den Druck ausüben kann. Nach etwa 1 Stunde die Marmorplatte oder das Blech herunternehmen und das Blech mit dem Lebkuchen mit einem Handtuch voll abdek- ken.

Die Halbbitter-Kuvertüre in kleine Stücke schneiden, in eine Edelstahl- schüssel geben und auf einen Topf mit Wasser stellen. Die Schüssel darf dabei das Wasser nicht berühren. Das Wasser erhitzen und dabei die Kuvertüre öfter umrühren, desto schneller wird sie flüssig. Ist sie ganz aufgelöst, wieder erkalten lassen. Dann auf ca. 31–33 °C erwärmen. Die Marzipandecke jetzt mit der Ku- vertüre einstreichen. Das geht am besten mit einer Palette: Die Kuver- türe aus der Schüssel auf die Mar- zipanfläche gießen und mit einer Palette verstreichen. Wenn das ge- schehen ist, die Kuvertüre fest wer- den lassen. Dann einen sauberen Bogen Backpapier darauflegen. Ein Blech mit der Innenseite auf das Backpapier legen, das untere und das obere Backblech mit beiden Händen fassen und umdrehen, so daß die Marzipanfläche nun unten ist. Die Alufolienstreifen abziehen und ebenfalls das Backpapier, wor- auf der Lebkuchen gebacken wurde. Die Kuvertüre wieder auf ca. 34 °C erwärmen und auf den Lebkuchen- boden aufstreichen. Die Kuvertüre fest werden lassen. Nun wird auf

den Boden, das ist die gerade mit Kuvertüre bestrichene Seite, ein sau- beres Stück Backpapier und darauf das Backblech gelegt und das Gan- ze umgedreht, so daß die Marzipan- decke wieder oben ist.

Mit einem scharfen Messer, am be- sten wieder ein Tortenmesser, wer- den jetzt die Dominosteine geschnit- ten: Dafür nimmt man ein Lineal mit 30 cm-Einteilung. Mit dem Lineal in der Länge wie in der Breite 2 cm breite Streifen einteilen. Dann das Lineal als Schneidhilfe jeweils an den Markierungen anlegen und mit dem Messer erst nur die Marzipan- decke einschneiden. Dabei schnei- den und nicht drücken, damit die Kuvertüreschicht nicht anfängt zu splittern. Sobald dieser Schnitt er- folgt ist, das Messer ansetzen und jetzt bis zum Boden durchschnei- den. Die so gewonnenen Würfel nicht auseinanderlegen, sondern nach dem Schneiden fest zusam- men lassen.

Die Kuvertüre wieder auf 34 °C brin- gen und die Würfel einzeln mit der Pralinengabel in die Kuvertüre ein- tunken, ablaufen lassen, am Rand abstreichen und auf ein Pralinengit- ter oder sauberes Backpapier set- zen. Beim Einsatz eines Pralinengit- ters dieses handwarm vorwärmen und jeweils nach 8 Dominosteinen die ersten vom Gitter abnehmen und auf Backpapier setzen.

Die fertigen Dominosteine können in weiße Pralinen-Hütchen gesetzt oder in eine Blechdose gelegt wer- den. Backpapier zwischen die La- gen legen.

Zimtsterne

4 Eiweiß
300 g Puderzucker
1 Beutel Vanille-Aroma
1 Beutel Citro-back
3 Tropfen Bittermandelöl
1 gehäufter TL Zimt
400 g ungeschälte, gemahlene Mandeln
Zucker zum Ausrollen

Eiweiß zu sehr steifem Schnee schlagen. Den gesiebten Puderzuk- ker eßlöffelweise unterschlagen. Vom fertigen Eischnee zum Bestrei- chen 2 gut gehäufte Eßlöffel voll ab- nehmen und bis zur Verwendung in den Kühlschrank stellen. Unter den übrigen Eischnee Vanille-Aroma, Ci- tro-back, Bittermandelöl, Zimt und ungefähr die Hälfte der Mandeln rühren. Von den restlichen Mandeln so viel darunter kneten, bis der Teig kaum noch klebt. Auf einer mit Zuk- ker bestreuten Arbeitsfläche den Teig etwa 5 mm dick ausrollen. Mit einem Sternausstecher von 3,5 bis 4 cm Durchmesser Sterne ausste- chen und auf ein mit Backpapier be- legtes Backblech legen. Im vorge- heizten Ofen backen.

Backzeit   ca. 12 Minuten
Elektroherd   160 °C
Gasherd   Stufe 1–2
Heißluftherd   140 °C

Nach dem Backen die noch heißen Zimtsterne mit dem zurückgelasse- nen Eischnee bestreichen, evtl. mit einigen Tropfen Zitronensaft ver- dünnen.

97

Lebkuchen-Konfekt
Foto

Lebkuchenteig
350 g Honig
150 g Zuckerrübensirup
70 g Butter oder
50 g Butterschmalz
250 g Weizenmehl Type 405
250 g Weizenmehl Type 1050
12 g Lebkuchengewürz
40 g feingehacktes Orangeat
40 g gehackte Mandeln
2 Eier
1 Beutel Citro-back
12 g Pottasche
2 EL Rum, 54 Vol.-%
Überzug und Verzierung
Puderzuckerglasur
aus 3 cl Wasser und
150 g Puderzucker
Halbbitter-Kuvertüre
Haselnußglasur (Fertigprodukt)
Gebäck-Schmuck
Zuckerschrift

Ein Backblech, Größe 30 × 38 cm, mit Backpapier ganz belegen, die offene Seite mit Alufolie schließen. Den Honig mit dem Zuckerrübensirup und der Butter oder Butterschmalz aufkochen und erkalten lassen. Alles Mehl in eine größere Schüssel sieben, das Lebkuchengewürz, Orangeat und die Mandeln unter das Mehl mischen. Die Eier und Citro-back unter die erkaltete Honigmasse rühren und alles zusammen in das Mehl einrühren. Zuletzt die Pottasche im Rum auflösen und sofort unter den Teig rühren. Den fertigen Teig auf das vorbereitete Blech aufstreichen. Im vorgeheizten Ofen backen. Dabei die Backofentür mit einem Holzlöffelstiel einen kleinen Spalt öffnen, damit der Schwaden abziehen kann.

Backzeit	25–30 Minuten
Elektroherd	180–200 °C
Gasherd	Stufe 2–3
Heißluftherd	160–180 °C

Die Lebkuchenplatte nach dem Auskühlen in Segmente, z.B. Ecken, Rechtecke und Quadrate, schneiden und mit Zuckerguß, Halbbitter-Kuvertüre und Haselnußglasur bestreichen. Mit Zuckerschrift und Gebäckschmuck verzieren.

Elisen-Konfekt

300 g Marzipanrohmasse
270 g feinster Zucker
120 g feingemahlene Mandeln
30 g feingehacktes Orangeat
30 g feingehacktes Zitronat
15 g Kakaopulver
150 g Eiweiß (ca. 5 Stück)
1 EL Weizenmehl Type 405
45 Oblaten mit
4 cm Durchmesser
400 g Vollmilch-Kuvertüre
100 g gehackte Mandeln

Einen Edelstahltopf mit starkem Boden nehmen, damit die Masse beim Abrösten nicht anbrennen kann. Marzipanrohmasse in kleinen Stücken, Zucker, Mandeln, Orangeat, Zitronat, Kakaopulver und Eiweiß in den Topf geben. Bei mittlerer Hitze und ständigem Rühren alles abrösten bis auf 60 °C. Beim Rühren den Löffel fest über den Topfboden führen, damit dort nichts anhängen kann. Hat die Masse 60 °C erreicht, von der Kochstelle nehmen und auf etwa 40 °C abkühlen lassen. Nun das Mehl unter die Masse rühren. Auf mit Backpapier ausgelegte Backbleche die Oblaten legen. Auf jede Oblate etwa 25 g Masse mit dem Messer aufstreichen (einmal 25 g abwiegen und als Muster liegen lassen). Die Oberfläche gut abtrocknen lassen, erst dann darf das Konfekt im vorgeheizten Ofen gebacken werden.

Backzeit	ca. 15 Minuten
Elektroherd	170 °C
Gasherd	Stufe 2
Heißluftherd	150 °C

Nach dem Backen auf einem Kuchengitter auskühlen lassen. Mit der auf 29–31 °C temperierten Vollmilch-Kuvertüre überziehen. Die gehackten Mandeln als kleinen Kreis auf die Mitte streuen.

Variation

Elisen-Pistazien-Konfekt
300 g Marzipanrohmasse
270 g feinster Zucker
60 g feingemahlene Mandeln
80 g feingemahlene Pistazien
20 g feingehacktes Orangeat
20 g feingehacktes Zitronat
20 g feingehackte Belegkirschen
20 g Kakaopulver,
schwach entölt
150 g Eiweiß (ca. 5 Stück)
1 El Weizenmehl Type 405
45 Oblaten
mit 4 cm Durchmesser
400 g Fondant
100 g gehackte Pistazien

Herstellung und Backen wie Elisen-Konfekt. Abkühlen lassen, mit auf 35 °C erwärmtem Fondant nicht zu dünn überziehen. In der Mitte gehackte Pistazien aufstreuen.

Tee-Konfekt

Pistazienherzen

200 g Weizenmehl Type 405
140 g Butter
40 g ganz fein gemahlene Pistazien
70 g Puderzucker
1 Eigelb
1 gestrichener TL Citro-back
1 gestrichener TL Vanille-Aroma
2–3 Tropfen Bittermandelöl
gehackte Pistazien zum Verzieren
300 g Vollmilch-Kuvertüre zum Überziehen

Das Weizenmehl auf die Arbeitsfläche sieben, in die Mitte eine Mulde drücken. Die kalte Butter in kleine Stücke schneiden, auf dem Mehlrand verteilen, die Pistazien darüberstreuen und den Puderzucker über alles sieben. Das Eigelb, Citro-back, Vanille-Aroma und Bittermandelöl in die Mulde geben und alles mit einem Pfannenmesser oder einer Palette durchhacken, bis ein krümeliger Teig entstanden ist. Jetzt mit möglichst kühlen Händen schnell einen Teig arbeiten, in Alufolie einschlagen und für etwa 2 Stunden in den Kühlschrank legen. Anschließend etwa 4 mm dick ausrollen und mit einem Herzausstecher von 4 cm Durchmesser Herzen ausstechen und auf ein mit Backpapier ausgelegtes Backblech legen. Im vorgeheizten Ofen backen.

Backzeit	8–10 Minuten
Elektroherd	180 °C
Gasherd	Stufe 2
Heißluftherd	160 °C

Nach dem Backen abkühlen lassen. Die Hälfte der gebackenen Herzen ganz mit auf 29–31 °C temperierter Vollmilch-Kuvertüre überziehen und mit Pistazien bestreuen. Von den restlichen Herzen nur jeweils eine Herzhälfte überziehen, so lassen.

Gefüllte Herzen

300 g Weizenmehl Type 405
200 g Butter
80 g Puderzucker
1 Prise Salz
1 Beutel Citro-back
150 g Orangenmarmelade
60 g heiße, passierte Aprikosenkonfitüre
200 g Fondant
2–3 TL Rum
Halbbitter-Spritzschokolade zum Garnieren

Das Mehl auf ein Backbrett oder Marmorplatte sieben. Die kalte Butter klein schneiden und auf dem Mehl verteilen, darüber den Puderzucker sieben, Salz und Citro-back dazugeben. Mit einem Pfannenmesser oder einer Palette so lange alles durchhacken, bis ein krümeliger Teig entstanden ist. Jetzt schnell mit kalten Händen einen glatten Teig arbeiten, in Alufolie einpacken und für etwa 1 Stunde in den Kühlschrank legen. Anschließend 4 mm dick ausrollen und mit einem Herzausstecher von 4 cm Durchmesser Herzen ausstechen. Sofort auf ein mit Backpapier ausgelegtes Backblech legen. Im vorgeheizten Ofen hellbraun backen.

Backzeit	8–10 Minuten
Elektroherd	180 °C
Gasherd	Stufe 2
Heißluftherd	160 °C

Nach dem Backen auf einem Kuchengitter auskühlen lassen. Dann immer zwei Herzen mit Orangenmarmelade zusammensetzen. Den Fondant erwärmen und mit Rum abschmecken. Die Oberfläche der zusammengesetzten Herzen mit heißer Aprikosenkonfitüre dünn aprikotieren und anschließend mit dem auf 35 °C temperierten Rumfondant glasieren. Mit der Spritzschokolade ein Dekor aufbringen, z.B. eine feine, dünne Linie am Rand der Herzen entlangziehen. Die Spritztüte darf dafür nur minimal an der Spitze abgeschnitten werden.

Makronen-Konfekt

250 g Marzipanrohmasse
250 g feinster Zucker
90 g Eiweiß (ca. 3 Stück)
1 Beutel Citro-back
1 TL Vanille-Zucker oder
½ Beutel Vanille-Aroma flüssig

Die Marzipanrohmasse in kleine Stücke reißen, in eine Schüssel geben zusammen mit dem Zucker und dem Eiweiß. Mit dem elektrischen Handrührer schaumig rühren. Zum Schluß mit den Aromen abschmekken. Backbleche mit Backpapier auslegen. Mit einem Spritzbeutel und mittlerer Lochtülle runde Makronen von etwa 2 cm Durchmesser aufdressieren. Im vorgeheizten Ofen backen. Dabei die Ofentür mit einem Holzlöffelstiel etwas öffnen, damit der Schwaden abziehen kann.

Backzeit	15–20 Minuten
Elektroherd	170 °C
Gasherd	Stufe 2
Heißluftherd	150 °C

Schokoladencreme-Konfekt

200 g Weizenmehl Type 405
200 g Marzipanrohmasse
200 g Butter
400 g Vollmilch-Kuvertüre zum Überziehen
Schokoladencreme
100 g Butter, 100 g Fondant
1 cl Cognac oder Weinbrand
200 g Halbbitter-Kuvertüre

Das Mehl in eine Schüssel sieben. Die Marzipanrohmasse mit der Butter glatt arbeiten, anschließend das Mehl untermelieren. Eine Kugel oder ein rechteckiges Stück formen, in Alufolie einschlagen und 24 Stunden in den Kühlschrank stellen. Dieser Teig muß unbedingt so lange im Kühlschrank bleiben, damit er durchziehen kann und die richtige Konsistenz erhält.

Für die Schokoladencreme die Butter mit dem Fondant schaumig rühren und mit dem Cognac abschmekken. Die flüssige, aber nicht mehr warme Halbbitter-Kuvertüre einrühren, bis sich eine homogene Masse ergibt. Erstarren lassen. Vor dem Gebrauch durchrühren, eventuell etwas anwärmen, damit die Creme spritzfähig wird, falls die Masse mit einem Spritzbeutel auf die gebackenen Bödelchen dressiert werden soll. Sonst wird die Masse mit einem Messer 3 mm dick aufgestrichen.

Den Teig etwa 3 mm dick ausrollen. Mit einem runden Ausstecher von 3 oder 4 cm Durchmesser Bödelchen ausstechen und auf ein mit Backpapier ausgelegtes Backblech legen. Im vorgeheizten Ofen backen.

Backzeit	10–12 Minuten
Elektroherd	170–180 °C
Gasherd	Stufe 2
Heißluftherd	160 °C

Die Bödelchen auskühlen lassen. Dann die Schokoladencreme auf die Hälfte der Bödelchen entweder mit dem Messer 3 mm dick aufstreichen oder mit einem Spritzbeutel mit mittlerer Lochtülle aufdressieren. Die verbliebenen Bödelchen auf die Creme legen und sanft andrücken. Fest werden lassen. Anschließend mit der auf 29–31 °C temperierten Kuvertüre überziehen.

Karamelcreme-Konfekt

Nuß-Konfektteig
90 g Haselnüsse
240 g Weizenmehl Type 405
60 g Speisestärke
150 g Butter
120 g Puderzucker
60 g Eier (2 Eier verquirlen und Menge abwiegen)
1 Prise Salz
400 g Halbbitter-Kuvertüre zum Überziehen
Karamelcreme
180 g Zucker
120 g Sahne
60 g Butter
60 g Kokosfett (Hartfett)

Die Haselnüsse auf ein Backblech geben und bei 180 °C im Ofen hellbraun rösten. Danach die Haut abribbeln, die Nüsse erkalten lassen und fein mahlen.

Das Mehl und die Speisestärke auf eine Arbeitsfläche sieben. Die kalte Butter in Stücke schneiden und darauflegen, den Puderzucker darübersieben. Die gemahlenen Haselnüsse, die verquirlten Eier sowie das Salz zugeben. Alles mit einem Pfannenmesser oder einer Palette durchhacken, bis eine krümelige Masse entstanden ist. Dann schnell mit kalten Händen einen Teig arbeiten, in Alufolie einschlagen und für 1–2 Stunden in den Kühlschrank legen. Anschließend den Teig etwa 4 mm dick ausrollen und mit einem runden Ausstecher von 3 oder 4 cm Durchmesser Bödelchen ausstechen, auf ein mit Backpapier ausgelegtes Backblech legen und im vorgeheizten Ofen hellbraun backen, abkühlen lassen.

Backzeit	10–15 Minuten
Elektroherd	180 °C
Gasherd	Stufe 2
Heißluftherd	160 °C

Für die Karamelcreme ⅓ der Zuckermenge in einen Edelstahltopf geben und bei mittlerer Hitze schmelzen, dabei mit einem Holzlöffel umrühren. Den Rest des Zuckers nach und nach zugeben. Sobald der Zucker restlos geschmolzen ist und eine hellgelbe Farbe angenommen hat, von der Kochstelle nehmen und mit der vorher gekochten Sahne ablöschen. Mit der Butter und dem Kokosfett glattrühren (vor der Verwendung etwas schaumig rühren). Die Creme mit einem Spritzbeutel und mittelgroßer Spritztülle so auf die Hälfte der Bödelchen dressieren, daß sie mit dem Rand der Bödelchen sauber abschließt. Jeweils ein Bödelchen auflegen und dabei sanft andrücken. Die Füllung fest werden lassen. Die Halbbitter-Kuvertüre auf 31–33 °C temperieren. Das Oberteil des Konfekts damit überziehen.

Anis-Konfekt

200 g Eier (4–5 Eier aufschlagen und verquirlen, Menge abwiegen)
250 g Puderzucker
10 g gemahlener Anis oder 5 Tropfen Anisöl
270 g Weizenmehl Type 405
1 Prise Salz

Backbleche mit Butter bestreichen und mit Mehl bestäuben.

Die Eier mit dem gesiebten Puderzucker in eine Rührschüssel geben und im Wasserbad bis etwa 36 °C unter Rühren erwärmen. Vom Wasserbad nehmen und kalt rühren, die Masse soll dabei nicht schaumig werden. Sobald die Masse wieder kalt ist, den Anis unterrühren, anschließend das gesiebte Mehl und das Salz mit einem Holzlöffel unterheben. In einen Spritzbeutel mit mittlerer Lochtülle füllen und etwa 2,5 cm große, runde Plätzchen auf die Backbleche dressieren, bei etwa 20 °C abstehen lassen, bis die Oberfläche abgetrocknet ist. Das Konfekt soll sich dann von Hand verschieben lassen, ohne daß es eine Druckstelle bekommt. Jetzt im vorgeheizten Ofen backen. Die Backofentür mit einem Holzlöffelstiel einen kleinen Spalt offen lassen, damit der Schwaden abziehen kann.

Backzeit	20–25 Minuten
Elektroherd	170 °C
Gasherd	Stufe 2
Heißluftherd	150 °C

Das Anis-Konfekt ist dann richtig gebacken, wenn die Unterseite gerade eben zu bräunen beginnt, die Häubchen jedoch weiß aussehen.

Eigelbmakronen

400 g Marzipanrohmasse
100 g Puderzucker
80 g Eigelb (ca. 4 Stück)
1 Prise Salz
1 Beutel Citro-back
ca. 12 rote Belegkirschen
Halbbitter-Kuvertüre

Marzipanrohmasse, Puderzucker, Eigelb, Salz und Citro-back zu einer glatten Masser verarbeiten. In einen Spritzbeutel eine Lochtülle mit 2 cm Durchmesser einsetzen, die Masse einfüllen und auf ein mit Backpapier ausgelegtes Backblech runde Makronen dressieren. Durchmesser jeder Makrone ca. 3,5 cm. Auf jede Makrone eine geviertelte Belegkirsche setzen und leicht andrücken. Die Makronen gut 60 Minuten stehen lassen, damit sie abtrocknen, dann erst im vorgeheizten Ofen backen.

Backzeit	15–20 Minuten
Elektroherd	200 °C
Gasherd	Stufe 3
Heißluftherd	180 °C

Nach dem Backen auf einem Kuchengitter abkühlen lassen. Die Kuvertüre erwärmen und die Makronen mit einer Pralinengabel so eintauchen, daß jede Makrone einen »Fuß« erhält. Am Schüsselrand die überflüssige Kuvertüre abstreifen, die Makronen auf sauberem Backpapier absetzen und trocknen lassen.

Vanillekipferl

Foto

160 g Weizenmehl Type 405
260 g frisch geröstete, feingemahlene Haselnüsse
230 g Butter
70 g Puderzucker
1 Beutel Vanille-Aroma
1 Prise Salz
Zucker und Vanillinzucker zum Wälzen

Das Mehl auf eine Arbeitsplatte sieben, die Haselnüsse gut untermischen. Die kalte Butter in kleine Stücke schneiden und auf dem Mehlgemisch verteilen, den Puderzucker darübersieben, zuletzt das Vanille-Aroma und Salz darübergeben. Mit einem Pfannenmesser oder einer Palette alles durchhacken, bis ein krümeliger Teig entstanden ist. Jetzt sofort einen glatten Teig arbeiten, in Alufolie wickeln und etwa 1–2 Stunden in den Kühlschrank legen. Anschließend 1 cm dicke Stangen formen und in 2,5–3 cm lange Stangen schneiden. Kipferl daraus formen und auf ein mit Backpapier ausgelegtes Backblech legen. Im vorgeheizten Ofen backen.

Backzeit	12–15 Minuten
Elektroherd	180 °C
Gasherd	Stufe 2
Heißluftherd	160 °C

Zucker und Vanillinzucker gut mischen und in einen tiefen, großen Teller schütten. Die Kipferl sofort nach dem Backen vorsichtig darin wälzen, das heiße Gebäck bricht leicht. Anschließend auskühlen lassen.

PIKANTES TEE-KONFEKT

Salzmandel-Konfekt

300 g Weizenmehl Type 405
140 g Butter
1 TL Salz
100 ml Wasser
150 g Mandelsplitter
1 Eiweiß
20 g Salz
1 Eigelb

Das Mehl auf eine Arbeitsfläche sieben, die kalte Butter in Stücken darauflegen, Salz darüberstreuen. In das Mehl eine kleine Mulde drücken und die Hälfte des Wassers hineingießen. Mit einem Pfannenmesser oder einer Palette alles kurz durchhacken. Den Rest des Wassers darüber verteilen und weiter durchhacken, bis eine krümelige Masse entstanden ist. Jetzt mit möglichst kalten Händen einen glatten Teig arbeiten, in Alufolie einschlagen und 2 Stunden in den Kühlschrank legen. Kurz bevor der Teig aus dem Kühlschrank herausgeholt wird, die Mandeln in eine Schüssel geben. Das Eiweiß verquirlen, über die Mandeln verteilen, ebenso das Salz. Mit einem Löffel alles sehr gut durchmischen, damit alle Mandeln gut gesalzen werden. Auf ein mit Backpapier ausgelegtes Backblech schütten und auseinanderziehen. Den Teig etwa 4 mm dick ausrollen. Mit einem runden Ausstecher von 4 cm Durchmesser runde Bödelchen ausstechen. Auf ein mit Backpapier ausgelegtes Backblech legen. Das Eigelb mit wenig Salz verquir-

len, die Bödelchen damit bestreichen und sofort die gesalzenen Mandeln darauf verteilen. Leicht andrücken, damit sie gut haften bleiben. Im vorgeheizten Ofen backen. Die Mandeln sollen eine hellgelbe Farbe angenommen haben.

Backzeit	8–10 Minuten
Elektroherd	180 °C
Gasherd	Stufe 2
Heißluftherd	160 °C

Variationen

Salznuß-Konfekt: Statt der Mandelsplitter 150 g Haselnüsse, von der Samenhaut befreit und halbiert, verwenden.

Erdnuß-Salzkonfekt: Statt der Mandelsplitter 200 g Erdnußkerne und 25 g Salz verwenden.

Blätterteig-Käse-Konfekt

1 Paket TK-Blätterteig (300 g)
1 Ei
140 g geriebener Hartkäse nach Wahl: Schweizer Emmentaler, Edamer, Gouda, Chester, Parmesan, Appenzeller o. ä.
Salz und Gewürze nach Geschmack

Den Blätterteig auftauen, ausrollen, dann mehrmals zusammenlegen, ausrollen und wieder zusammenlegen. Den Teig zu einer Kugel formen. Wieder ausrollen und die Platte erneut zu einer Kugel zusammenwirken. Den Blätterteig in ein Tuch geben und etwa ½ Stunde in den Kühlschrank legen. Diese Behandlung muß erfolgen, damit der Teig

für das kleine Käse-Konfekt nicht zu stark blättert. Anschließend etwa 2 mm dick ausrollen und 2 cm breite Streifen mit einem glatten Teigrädchen ausradeln. Die Streifen mit verquirltem Ei bestreichen und den gewünschten geriebenen Käse daraufstreuen. Je nach Geschmack zusätzlich salzen oder würzen. Die Streifen auf 10–12 cm Länge schneiden. Mit beiden Händen jeweils ein Ende anfassen und zu einer Spirale drehen. Auf mit Wasser benetzte Backbleche setzen.
Eine andere Möglichkeit ist folgende: Den Blätterteig rechteckig zu einer Platte von etwa 2 mm Dicke ausrollen. Die Platte ganz mit verquirltem Ei bestreichen und eine Hälfte mit dem gewünschten Käse bestreuen, entsprechend salzen oder würzen. Die nicht bestreute Seite auf die bestreute auflegen und leicht andrücken. Nun mit einem runden Ausstecher, Durchmesser 3–4 cm, kleine Böden oder Sterne ausstechen oder Rauten, Vierecke und Rechtecke ausschneiden oder mit dem Teigrädchen ausradeln. Auf die mit Wasser benetzten Backbleche legen. Die fertigen Teigstücke immer 20 Minuten ruhen lassen. Inzwischen den Backofen vorheizen. Die Gebäcke mit Ei bestreichen, backen.

Backzeit	12–15 Minuten
Elektroherd	200 °C
Gasherd	Stufe 3
Heißluftherd	180 °C

Variation

Wenn die Gebäcke vor dem Backen mit Ei bestrichen sind, können sie mit Sesam, Hagelsalz, Kümmel, Mohn, gehobelten Mandeln, grobgemahlenen Haselnüssen oder gehackten Walnüssen bestreut werden.

Käsecreme-Konfekt

300 g Weizenmehl Type 405
50 g Speisestärke
200 g Butter
1 Eigelb
Salz
Käsecreme
1 Knoblauchzehe
250 g Butter
250 g geriebener Sbrinz
Pfeffer, Origano, Thymian
Paprikapulver
zum Bestäuben

Das Mehl mit der Speisestärke auf eine Arbeitsfläche sieben. Die kalte Butter in kleinen Stücken auf dem Mehl verteilen, Eigelb und Salz zugeben. Mit einem Pfannenmesser oder einer Palette alles durchhakken, bis eine krümelige Masse entstanden ist. Dann sofort mit kalten Händen schnell einen Teig arbeiten, in Alufolie einschlagen und gut 4 Stunden in den Kühlschrank legen.

Für die Käsecreme eine Schüssel mit der Knoblauchzehe gut ausreiben. Die weiche Butter mit dem Sbrinz schaumig rühren, mit Pfeffer, Origano und Thymian abschmekken.

Den Teig etwa 3 mm dick ausrollen. Mit einem Ausstecher von 4 cm Durchmesser Bödelchen ausstechen und auf ein mit Backpapier ausgelegtes Backblech legen. Im vorgeheizten Ofen hellbraun backen.

Backzeit	8–10 Minuten
Elektroherd	180 °C
Gasherd	Stufe 2
Heißluftherd	160 °C

Nach dem Backen auskühlen lassen. Immer zwei Bödelchen mit der Käsecreme etwa 4 mm dick zusammensetzen. Mit dem Rest der Käsecreme mit einem Spritzbeutel und kleiner Sterntülle Rosetten aufspritzen. Mit wenig Paprikapulver bestäuben.

Käsebissen

160 g geriebener alter Gouda
200 g Butter
1 Prise Salz
1 Prise Pfeffer
1 gestrichener TL Rosenpaprika
200 g Weizenmehl Type 405
50 g Speisestärke

Den Käse mit der Butter und den Gewürzen gut glatt, jedoch nicht schaumig rühren. Das Mehl zusammen mit der Speisestärke sieben, zur Käse-Butter-Mischung geben und schnell mit kalten Händen einen Teig wie Mürbeteig arbeiten. In Alufolie einschlagen und 1 Stunde in den Kühlschrank legen. Anschließend etwa 1 cm dick ausrollen und Bissen von 2,5 × 4 cm Größe schneiden. Auf ein mit Backpapier ausgelegtes Backblech legen. Im vorgeheizten Ofen goldgelb backen.

Backzeit	12–15 Minuten
Elektroherd	180 °C
Gasherd	Stufe 2
Heißluftherd	160 °C

Englisches Käsegebäck

240 g Butter
120 g geriebener Chester
120 g geriebener Edamer
10 g Salz
1 gestrichener TL Rosenpaprika
1 Ei
280 g Weizenmehl Type 405
Käse, Kümmel, Mohn, Sesam,
Mandeln oder Nüsse
zum Bestreuen

Butter, Käse, Salz, Paprika und Ei glattarbeiten und dann das gesiebte Mehl unterheben (wie Mürbeteig verarbeiten). Den Teig in eine Alufolie wickeln und für 1–2 Stunden in den Kühlschrank legen. Anschließend etwa 5 mm dick ausrollen. Mit rundem Ausstecher von 3–4 cm Durchmesser kleine Taler ausstechen oder mit dem gezackten Teigrädchen Streifen oder Rauten in der entsprechenden Größe ausradeln. Die Teigstücke auf ein mit Backpapier ausgelegtes Backblech legen, mit Wasser bestreichen und mit geriebenem Parmesan, Emmentaler oder Appenzeller, Kümmel, Mohn, Sesam, blättrigen Mandeln oder gehackten Nüssen bestreuen. Im vorgeheizten Ofen backen. Das Käsegebäck muß genügend ausgebakken sein, sonst schmeckt es sehr schnell speckig!

Backzeit	8–10 Minuten
Elektroherd	200 °C
Gasherd	Stufe 3
Heißluftherd	180 °C

Petits fours

GRUNDSÄTZLICHES

Petits fours sind kleine Kuchen. Zu ihrer Herstellung werden je nach Rezept Mandelbiskuit-Kapseln oder Förmchen aus Mandelmürbeteig oder Blätterteig benötigt. Petits fours bestehen immer aus gebackenen Teigen, die mit Konfitüren oder/ und Buttercreme, mit Franchipan oder Mandelcreme in vielfältigen Geschmackskompositionen zusammengesetzt werden.

Die Herstellung der Buttercreme-Grundcreme

Für die mit Buttercreme gefüllten Petits fours ist die französische Buttercreme als Grundcreme bestens geeignet. Ihr können die für die einzelnen Rezepte entsprechenden Aromastoffe zugesetzt werden. Diese Grundcreme ist rein im Geschmack und bringt als Geschmacksträger die ihr zugesetzten Aromastoffe ganz besonders gut zur Geltung. Sie hat außerdem den Vorteil, daß sie nicht säuert, da sie keine Milch oder Sahne enthält. Das gewährt zu den anderen Vorzügen eine längere Haltbarkeit, was sich in der heißen Jahreszeit sehr bemerkbar macht. Voraussetzung sind ganz frische Markenbutter und ebenso frische Eier.

Falls das Rezept zuwenig oder zuviel Grundcreme für Ihr Backvorhaben ergeben sollte, ist mit der aufgeführten Formel schnell ein Rezept für die gewünschte Crememenge zusammengestellt: Teilen Sie die von Ihnen gewünschte Crememenge durch 10 und multiplizieren diesen Faktor mit den Teilen der Zutaten. Ist zum Beispiel die gewünschte Crememenge = 750 g, so gilt:

750 g : 10 (Teile) = Faktor 75.

Übertragen auf die Teile des Rezepts gilt nun:

2 Teile Eier $= 2 \times 75 = 150$ g
3 Teile Puderzucker $= 3 \times 75 = 225$ g
5 Teile Butter $= 5 \times 75 = 375$ g

Da 150 g Eier nicht durch 55 g (Nettogewicht von 1 Ei) teilbar sind, müssen 3 Eier aufgeschlagen, verquirlt und 150 g abgewogen werden. Auch bei anderen Crememengen muß jeweils 1 Ei mehr genommen werden, sobald der Eieranteil nicht durch 55 g zu teilen ist.

Zutaten
550 g Butter
330 g Puderzucker
220 g Eier = 4 Stück Klasse 3

Zubereitung
Die Butter in eine Schüssel geben und bei Raumtemperatur weich werden lassen. Den Puderzucker sieben, mit einem Fünftel davon die Butter schaumig rühren. Die Eier mit dem restlichen Puderzucker in eine Rührschüssel geben und auf dem Wasserbad warm aufschlagen bis 45 °C, dann vom Wasserbad nehmen und kalt schlagen. Die Eiermasse muß sehr gut ausgeschlagen sein, dann erst vorsichtig unter die schaumige Butter ziehen. Anschließend die in den Rezepten aufgeführten Aromaträger unterziehen.
Die Grundcreme sollte stets sofort verarbeitet werden. Wird sie zu fest, muß sie leicht angewärmt werden. Und das kostet Volumen.

Überziehen/Glasieren
Für das Überziehen der Petits fours werden vorrangig Fondantglasuren verwendet. Dabei ist zu beachten:

▷ Fondantglasuren dürfen nur langsam erwärmt werden und nur Körper(Blut)temperatur erreichen, sonst verlieren sie nach dem Überziehen schnell ihren Glanz.
▷ Fondantglasuren sollen nicht zu dickflüssig sein. Ist es einmal der Fall, mit Läuterzucker (Seite 25) verdünnen, jedoch keinesfalls mit Wasser.
▷ Fondantglasuren nur wenig aromatisieren. Den Geschmack auf die Füllungen abstimmen. In den folgenden Rezepten ist dies berücksichtigt.
▷ Wenn Buttercreme direkt mit Fondantglasur überzogen wird, vorher die Buttercremefläche mit Puderzucker bestäuben. Die Fondantglasur rutscht dann nicht ab.

Für das Überziehen von Petits fours mit Kuvertüren entfällt das Aprikotieren oder Einstreichen mit Kakaobutter. Zum Überziehen sind die Kuvertüren entsprechend zu temperieren. Die Vollmilch-Kuvertüre auf 29–31 °C, die Halbbitter-Kuvertüre auf 31–33 °C.

Die Petits fours nach dem Überziehen auf ein Kuchen- oder Pralinenabtropfgitter absetzen. Sobald die Glasur angetrocknet ist, die Petits fours mit Spritzschokolade, Fondant oder anderen Dekormitteln ausgarnieren. Die Garnituren sollen stets sparsam sein.

Die fertigüberzogenen und garnierten Petits fours nicht mit Gewalt vom Gitter reißen. Am besten werden sie mit einem Tortenmesser abgelöst: die Messerschneide direkt auf dem Gitter, flach und mit leichtem Druck unter den Petits fours durchführen und so die Stücke ablösen. Die Glasuren nehmen so keinen Schaden. Nach dem Abnehmen in weiße Papierkapseln setzen.

DEUTSCHE PETITS FOURS

Die Herstellung der Mandelbiskuit-Kapseln

Für Deutsche Petits fours werden gebackene Kapseln aus Mandelbiskuit verwendet. Diese dünnen Kapseln sollen saftig gebacken sein. Während des Backens mit dem Stiel eines Holzlöffels die Ofentür einen kleinen Spalt offen halten, damit der Schwaden abzieht und sich die Haut auf der Kapsel nicht ablöst.

Das Rezept ergibt zwei 1 cm dicke Kapseln, etwa 36 × 28 cm groß. Das ist das durchschnittliche Maß der in einem Haushalt verwendeten Backbleche.

Zutaten

80 g Weizenmehl Type 405
50 g Speisestärke
100 g Butter
5 Eiweiß
1 Prise Salz
125 g Puderzucker
60 g Marzipanrohmasse
4 Eigelb
1 EL Wasser
½ Beutel Citro-back

Arbeitsablauf

2 Backbleche von 36 × 28 cm Größe einschließlich der Kanten mit Backpapier auslegen. Die offene Seite jeweils mit einem etwa 2 cm hoch gefalteten Alustreifen abschließen, dabei von diesem Alustreifen einen 10 cm breiten Teil unter das Backpapier schieben.

Das Mehl mit der Speisestärke sieben, beiseite stellen. Die Butter flüssig werden lassen. Sie darf dabei nur lauwarm werden.

Das Eiweiß mit dem elektrischen Handrührgerät oder in der Küchenmaschine schlagen. Die Prise Salz zugeben, 75 g gesiebten Puderzucker nach und nach einrieseln lassen, schnittfest schlagen. Kühl stellen.

Die Marzipanrohmasse in kleine Stücke reißen, zusammen mit den Eigelben, dem restlichen gesiebten Puderzucker, Wasser und Citro-back in eine Rührschüssel geben. Mit dem elektrischen Handrührgerät oder in der Küchenmaschine alles schaumig rühren. Den steifen Eischnee unterziehen, anschließend das Mehl mit der Speisestärke und die flüssige, lauwarme Butter untermelieren. Die Masse auf die beiden Backbleche verteilen und mit einer Palette gleichmäßig 1 cm dick aufstreichen. Im vorgeheizten Ofen beide Backbleche gleichzeitig backen.

Backzeit	8–10 Minuten
Elektroherd	200 °C
Gasherd	Stufe 3
Heißluftherd	180 °C

Beide Kapseln auf dem Kuchengitter auskühlen lassen. Werden die Kapseln nicht sofort weiterverarbeitet, müssen sie in ein trockenes, mit Zucker bestreutes Handtuch eingeschlagen werden, damit sie nicht austrocknen. Sonst das Backpapier mit einem breiten Pinsel leicht anfeuchten und vorsichtig abziehen.

Schokoladen-Mandelbiskuit-Kapsel

Zusätzlich 10 g Kakaopulver, das mit dem Mehl vermischt wird, untermelieren.

Vorbereiten und Einteilen der Kapseln

Die zwei Kapseln ungefüllt genau übereinanderlegen und in der Mitte quer durchschneiden. So erhält man 4 Kapseln von je 18 × 28 cm Größe. Für die Herstellung von nur 1 Sorte Petits fours diese Kapseln füllen und zusammensetzen. Daraus erhalten Sie:

▷ 28 Petits fours, 4 × 4 cm groß, oder
▷ 30 Petits fours, 3 × 5 cm groß.

Für die Herstellung von 2 Sorten Petits fours die auf 18 × 28 cm Größe geschnittenen Kapseln übereinanderlegen und daraus je zwei Streifen von 9 × 28 cm Größe schneiden. Daraus können gefertigt werden:

▷ 2 Sorten zu je 14 Stück, ausgestochen mit rundem Ausstecher von 4 cm Durchmesser, oder
▷ 1 Sorte zu 14 Stück mit gleichem Ausstecher und 1 Sorte zu 14 Stück, 4 × 4 cm groß geschnitten, oder
▷ 1 Sorte zu 14 Stück, 4 × 4 cm groß, und 1 Sorte zu 15 Stück, 3 × 5 cm groß geschnitten.

Füllen und Zusammensetzen

Die klassischen deutschen Petits fours erhalten Füllungen mit Konfitüren, die modernen Füllungen aus Buttercreme, jeweils in vielfältigen Geschmacksrichtungen. Die »Klassiker« überzieht man ausschließlich mit Fondant, die Modernen auch mit Kuvertüren.

Sobald die Kapseln eingeteilt sind, beginnt das Einstreichen der jeweiligen Füllungen. Die Kapseln können zum Beispiel mit Konfitüre, Nougat, Marzipan oder Buttercreme zusammengesetzt werden. Dabei die Füllungen nicht zu dick einstreichen. Immer vier Kapseln zusammensetzen. Durch Auflegen eines Holzbretts zusammenpressen, 24 Stunden stehen lassen.

Die Oberfläche der zusammengesetzten Kapsel dünn mit Konfitüre oder Buttercreme einstreichen und eine etwa 1 mm dicke Marzipandecke auflegen. Das Holzbrett erneut ½ Stunde auflegen. Danach die Marzipandecke aprikotieren oder mit Kakaobutter dünn bestreichen, damit der Glanz des später erfolgenden Fondantüberzugs länger erhalten bleibt. Kakaobutter ist der Aprikotur vorzuziehen, weil sie nicht klebt. Außerdem erleichtert sie ein sauberes und scharfkantiges Schneiden oder Ausstechen.

Ausstechen und Schneiden

Petits fours lassen sich mit verschiedenen Ausstechern aus der fertig zusammengesetzten Kapsel ausstechen. Zum Beispiel mit rundem Ausstecher von 4 cm Durchmesser, in Herzform, als Hufeisen, Oval oder Kleeblatt, in der Größe dem runden Ausstecher angepaßt. Andere Formen – Quadrat, Rechteck oder Dreieck – werden mit dem Messer aus der Kapsel geschnitten. Die Größen sollten sich nach der quadratischen und rechteckigen Form ausrichten. Die quadratische Form wird 4 × 4 cm, die rechteckige 3 × 5 cm groß geschnitten.

Grundformen für geschnittene Petits fours

Es bleibt selbstverständlich jedem überlassen, die Größen leicht abzuändern. Dabei aber vorsichtig sein, damit die Stücke nicht zu groß ausfallen, denn Petits fours sind kleine Kuchen.

Hinweis

Für das Schneiden der Kapseln immer ein scharfes Tortenmesser sowie ein Lineal benutzen. Beide sind wichtig, um unnötigen Abfall zu vermeiden. Nach Augenmaß zu arbeiten, bringt mit Sicherheit mehr Abfall.

Die Herstellung der Marzipandecke

Vor dem Überziehen werden die deutschen Petits fours mit einer Marzipandecke belegt. Diese muß, glatt ausgerollt, auf der völlig glatten Kapseloberfläche aufgelegt werden.

Zutaten
80 g Puderzucker
200 g Marzipanrohmasse

Zubereitung
Den Puderzucker auf eine Arbeitsfläche sieben und die Marzipanrohmasse in kleinen Stücken darauflegen. Alles zu einem Marzipan anwirken. Entsprechend der Kapselgröße etwa 1 mm dick ausrollen – das geht am besten auf Backpapier.

Konfitüre-Petits fours

2 gebackene Mandelbiskuit-Kapseln (Seite 109)
250 g Aprikosenkonfitüre
Marzipandecke (links)
60 g Kakaobutter
Überziehen
500 g Fondant
2 EL Rum, 54 Vol.-%
gelbe Lebensmittelfarbe

Die Kapseln genau aufeinanderlegen, in der Mitte so durchschneiden, daß vier Teile in der Größe von 18 × 28 cm entstehen. Die vier Teile auseinanderlegen. Den ersten Teil mit Konfitüre bestreichen, den nächsten Teil auflegen und so fortfahren, bis alle Teile mit der Konfitüre zusammengesetzt sind. Die Oberfläche des letzten Teils ebenfalls mit Konfitüre bestreichen. Die Marzipandecke auflegen, mit Alufolie oder Backpapier abdecken, mit einem Brett beschweren und 24 Stunden stehen lassen. Das Brett von der Kapsel nehmen, ebenso die Alufolie oder das Backpapier. Die Marzipandecke dünn mit flüssiger Kakaobutter einstreichen. Sobald diese angezogen hat, aus der Kapsel Stücke von 4 × 4 cm oder/und 3 × 5 cm oder/und Dreiecke schneiden.

Den Fondant im Wasserbad auf etwa 35 °C erwärmen, den Rum unterrühren und zuerst alle Teile überziehen, die einen weißen Überzug erhalten sollen. Für die Garnierung dann einen Teil des weißen Fondants abnehmen. Den restlichen Fondant mit gelber Lebensmittelfarbe sandfarben einfärben und da-

mit die restlichen Petits fours überziehen. Jedes Stück nach dem Überziehen auf ein Pralinenablaufgitter zum Trocknen absetzen.

Den weißen Fondant in die Spritztüte geben und die Spitze mit einer Schere so weit abschneiden, daß dünne Garnierungen möglich sind. Die aufgespritzten Garnierungen anschließend nach eigenem Belieben dekorieren. Es gibt für die Ausgarnierung der Petits fours keine festen Vorschriften. Hierbei darf man seiner Phantasie freien Lauf lassen. Nur sollte die Garnierung der einzelnen Stücke dezent ausfallen. Sobald die Glasur fest ist, die Petits fours mit dem Tortenmesser vom Gitter trennen, in Papierkapseln setzen.

Variationen

Nur die Konfitüre und die Glasuren werden ausgetauscht.
▷ 250 g Himbeerkonfitüre
   500 g Fondant
   3 EL Himbeersirup
▷ 250 g Erdbeerkonfitüre
   500 g Fondant
   1 EL Cognac oder Weinbrand
   rote Lebensmittelfarbe
▷ 250 g Orangenmarmelade
   500 g Fondant
   rote Lebensmittelfarbe
▷ 250 g Himbeer-Orangen-
   Konfitüre
   500 g Fondant
   2 EL Himbeergeist
   rosa Lebensmittelfarbe
▷ 250 g Pfirsich-Maracuja-Konfitüre
   500 g Fondant
   gelbe Lebensmittelfarbe
▷ 250 g Schattenmorellen-Konfitüre
   500 g Fondant
   2 EL Kirschwasser
▷ 250 g rotes Johannisbeergelee
   500 g Fondant
   2 EL Creme de Cassis

Mokkacreme-Petits fours
Foto Seite 110/111

3 EL Instant-Kaffee
1½ EL stark entöltes Kakaopulver
750 g Buttercreme-Grundcreme (Seite 108)
2 gebackene Schokoladen-Mandelbiskuit-Kapseln (Seite 109)
Marzipandecke (Seite 112)
Überziehen und Garnieren
500 g Fondant
1 EL Kakaopulver
1 EL Instant-Kaffee
einige Tropfen Zuckerkulör oder flüssige Kuvertüre
60 g Halbbitter-Spritzschokolade
30 Mokkabohnen

Instant-Kaffee und Kakaopulver unter die Buttercreme ziehen. Die beiden Kapseln genau aufeinanderlegen, in der Mitte durchschneiden, so daß vier Teile von 18 × 28 cm entstehen. Die vier Teile auseinanderlegen. Den ersten Teil mit Buttercreme etwa 5 mm dick einstreichen, den nächsten Teil auflegen, mit Buttercreme bestreichen und so fortfahren, bis alle vier Teile zusammengesetzt sind. Die Oberfläche des letzten Teils dünn mit Buttercreme bestreichen. Die Marzipandecke auflegen, leicht andrücken. Die Kapsel stehen lassen, bis die Buttercreme fest ist. Anschließend 4 × 4 cm große Stücke ausschneiden.
Den Fondant auf etwa 35 °C erwärmen, mit dem Kakaopulver und Instant-Kaffee abschmecken. Eventuell einige Tropfen Kulör oder Kuver-

türe unterrühren. Die Petits fours überziehen und auf einem Kuchengitter absetzen. Wenn die Glasur fest ist, mit Spritzschokolade ein Gitter dünn aufspritzen und jeweils 1 Mokkabohne aufsetzen.

Schokoladencreme-Petits fours

60 g Halbbitter-Kuvertüre
60 g Vollmilch-Kuvertüre
750 g Buttercreme-Grundcreme (Seite 108)
2 gebackene Mandelbiskuit-Kapseln (Seite 109)
Marzipandecke (Seite 112)
Überziehen
600 g Halbbitter-Kuvertüre

Die flüssigen, aber nicht mehr warmen Kuvertüresorten unter die Buttercreme rühren. Die Kapseln genau aufeinanderlegen, in der Mitte durchschneiden, so daß vier Teile in der Größe von 18 × 28 cm entstehen. Die vier Teile auseinanderlegen. Den ersten Teil mit Buttercreme etwa 5 mm dick bestreichen, den nächsten Teil auflegen, mit Buttercreme bestreichen und so fortfahren, bis alle vier Teile zusammengesetzt sind. Die Oberfläche des letzten Teils dünn mit Buttercreme bestreichen. Die Marzipandecke auflegen, leicht andrücken. Stehen lassen, bis die Buttercreme fest geworden ist. Anschließend 4 × 4 cm große Stücke ausschneiden.
Die Halbbitter-Kuvertüre auf 31–33 °C erwärmen und die Petits fours überziehen. Hierzu die Pralinengabel mit den drei Zinken benutzen. Auf einem Kuchengitter absetzen.

113

Himbeercreme-Petits fours

Foto Seite 110/111

---

120 g Himbeergelee
2 cl Himbeergeist, 40 Vol.-%
750 g Buttercreme-Grundcreme
(Seite 108)
2 gebackene Mandelbiskuit-
Kapseln (Seite 109)
Marzipandecke (Seite 112)

Überziehen und Garnieren
500 g Fondant
einige Tropfen Vanille-Aroma
60 g Halbbitter-Spritzschokolade
30 Schokoladen-Dekorblätter

Himbeergelee und Himbeergeist unter die Buttercreme ziehen. Die Kapseln genau aufeinanderlegen, in der Mitte durchschneiden, so daß vier Teile in der Größe von 18 × 28 cm entstehen. Die vier Teile auseinanderlegen. Den ersten Teil mit Buttercreme etwa 5 mm dick bestreichen, den nächsten Teil auflegen, mit Buttercreme bestreichen und so fortfahren, bis alle vier Teile zusammengesetzt sind. Die Oberfläche des letzten Teils dünn mit Buttercreme bestreichen. Die Marzipandecke auflegen, leicht andrücken. Stehen lassen, bis die Buttercreme fest geworden ist. Anschließend mit einem Ausstecher von 4 cm Durchmesser Petits fours ausstechen.

Den Fondant auf etwa 35 °C erwärmen, mit dem Vanille-Aroma abschmecken und die Petits fours überziehen. Auf ein Kuchengitter setzen und trocknen lassen. Anschließend mit der Spritzschokolade ein Muster aufdressieren. Die Schokoladenblätter auflegen.

Kirschcreme-Petits fours

Foto Seite 110/111

---

9 cl Kirschwasser, 40 Vol.-%
100 g gut abgelaufene, ganz
klein gehackte Sauerkirschen
750 g Buttercreme-Grundcreme
(Seite 108)
2 gebackene Mandelbiskuit-
Kapseln (Seite 109)
Marzipandecke (Seite 112)

Überziehen und Garnieren
500 g Fondant
½ TL Vanille-Aroma, flüssig
60 g Halbbitter-Spritzschokolade
30 rote Zuckerblümchen

Kirschwasser und Kirschen unter die Buttercreme ziehen. Die Kapseln genau aufeinanderlegen, in der Mitte durchschneiden, so daß vier Teile in der Größe von 18 × 28 cm entstehen. Die vier Teile auseinanderlegen. Den ersten Teil mit Buttercreme etwa 5 mm dick bestreichen, den nächsten Teil auflegen, mit Buttercreme bestreichen und so fortfahren, bis alle vier Teile zusammengesetzt sind. Die Oberfläche des letzten Teils dünn mit Buttercreme bestreichen. Die Marzipandecke auflegen, leicht andrücken. Die Kapsel stehen lassen, bis die Buttercreme fest ist. Anschließend 4 × 4 cm große Stücke ausschneiden.

Den Fondant auf 35 °C erwärmen, mit dem Vanille-Aroma abschmecken und die Petits fours überziehen. Auf ein Kuchengitter absetzen und trocknen lassen. Anschließend mit der Spritzschokolade ein Muster aufdressieren. Die Zuckerblümchen auflegen.

Marzipancreme-Petits fours

---

140 g Marzipanrohmasse
6 cl Rum, 54 Vol.-%
750 g Buttercreme-Grundcreme
(Seite 108)
2 gebackene Mandelbiskuit-
Kapseln (Seite 109)
Marzipandecke (Seite 112)

Überziehen und Garnieren
600 g Halbbitter-Kuvertüre
30 weiße Mandelhälften

Die Marzipanrohmasse mit dem Rum glattrühren und unter die Creme rühren.

Die Kapseln genau aufeinanderlegen, in der Mitte durchschneiden, so daß vier Teile in der Größe von 18 × 28 cm entstehen. Die vier Teile auseinanderlegen. Den ersten Teil mit Buttercreme etwa 5 mm dick bestreichen, den nächsten Teil auflegen, mit Buttercreme bestreichen und so fortfahren, bis alle vier Teile zusammengesetzt sind. Die Oberfläche des letzten Teils dünn mit Buttercreme bestreichen. Die Marzipandecke auflegen, leicht andrücken. Stehen lassen, bis die Buttercreme fest geworden ist. Anschließend 4 × 4 cm große Stücke ausschneiden.

Die Halbbitter-Kuvertüre auf 31–33 °C temperieren und die Petits fours überziehen. Die Pralinengabel mit den drei Zinken dafür verwenden. Auf dem Kuchengitter absetzen. Auf jedes Stück eine halbe Mandel auflegen.

Walnußcreme-Petits fours

6 cl Kakao-Nuß-Likör
100 g sehr klein gehackte kandierte Walnüsse
2 EL schwach entöltes Kakaopulver
750 g Buttercreme-Grundcreme (Seite 108)
2 gebackene Mandelbiskuit-Kapseln (Seite 109)
Marzipandecke (Seite 112)
Überziehen und Garnieren
500 g Fondant
60 g Halbbitter-Spritzschokolade
30 Walnußviertel

Likör, Walnüsse und Kakaopulver unter die Buttercreme ziehen. Die Kapseln genau aufeinanderlegen, in der Mitte durchschneiden, so daß vier Teile in der Größe von 18 × 28 cm entstehen. Die vier Teile auseinanderlegen. Den ersten Teil mit Buttercreme etwa 5 mm dick bestreichen, den nächsten Teil auflegen, mit Buttercreme bestreichen und so fortfahren, bis alle vier Teile zusammengesetzt sind. Die Oberfläche des letzten Teils dünn mit Buttercreme bestreichen. Die Marzipandecke auflegen, leicht andrücken. Stehen lassen, bis die Buttercreme fest geworden ist. Anschließend 4 × 4 cm große Stücke ausschneiden.
Den Fondant auf 35 °C erwärmen. Die Petits fours überziehen und auf einem Kuchengitter absetzen. Wenn die Glasur fest geworden ist, mit Spritzschokolade ein Muster aufdressieren. Je 1 Walnußviertel auflegen.

SCHWEIZER PETITS FOURS

Während die deutschen Petits fours aus mehreren Teigschichten und Füllungen zusammengesetzt werden, werden für die Schweizer Petits fours Teigförmchen hergestellt und entweder mit der Füllung gebacken oder nach dem Backen gefüllt. Der Teig ist meistens ein Mandelmürbeteig, es kann aber auch Blätterteig sein.
Für Schweizer Petits fours werden spezielle Backförmchen von etwa 4–6 cm Durchmesser benötigt. Es ist nicht zwingend, Förmchen in allen Ausführungen zu besitzen. Schiffchen und runde Förmchen oder nur runde Förmchen reichen aus. Es sollten jedoch mindestens 30 Stück insgesamt sein.

Die Herstellung der Mandelmürbeteig-Törtchen
Das Rezept reicht für ca. 30 gebackene Törtchen.

Zutaten
300 g Weizenmehl Type 405
175 g Butter
100 g Marzipanrohmasse
50 g Eigelb (3 Eigelb verquirlen und abwiegen)
100 g Puderzucker
1 Beutel Citro-back
1 Prise Salz

Zubereitung
Das Mehl auf eine Arbeitsfläche sieben. Die kalte Butter in Flöckchen darauf verteilen. Die Marzipanrohmasse mit dem Eigelb glatt arbeiten und ebenfalls über dem Mehl verteilen. Den Puderzucker daraufsieben, Citro-back und Salz zufügen und alles mit einem Pfannenmesser oder einer Palette durchhacken, bis eine krümelige Masse entstanden ist. Dann schnell mit kühlen Händen einen Teig arbeiten. In Alufolie einschlagen und über Nacht in den Kühlschrank legen. Am nächsten Tag etwa 3 mm dick ausrollen und die Backförmchen damit auslegen. Die Förmchen nun füllen und backen. Werden sie erst nach dem Backen gefüllt, müssen sie blind gebakken werden.

Blindbacken
Zum Blindbacken getrocknete Erbsen in die Teigförmchen füllen und in den vorgeheizten Ofen schieben.

Backzeit   8–10 Minuten
Elektroherd   180 °C
Gasherd   Stufe 2
Heißluftherd   160 °C

Die Erbsen herausschütten, die Teigförmchen mit verquirltem Eigelb bestreichen und auf die oberste Schiene in den Backofen stellen. Sobald die Törtchen goldbraun geworden sind, sofort herausnehmen. Man bleibt am besten vor dem Ofen stehen, da es sehr schnell geht. Noch warm aus den Förmchen lösen, kalt lassen sie sich nicht mehr herausnehmen! Abkühlen lassen, weiterverarbeiten oder als Vorrat in Blechdosen aufbewahren.

115

Schweizer Petits Fours mit gebackenen Füllungen

Die Herstellung der Franchipan-Grundmasse

Zutaten
120 g Marzipanrohmasse
85 g Butter, 80 g Zucker
100 g Eier
(2 Eier verquirlen und abwiegen)
½ Beutel Citro-back, 1 Prise Salz
45 g Weizenmehl Type 405
45 g Speisestärke

Zubereitung
Die Marzipanrohmasse mit Butter und Zucker in einer Schüssel etwas schaumig rühren. Die Eier, Citro-back und Salz zugeben. Das Mehl und die Speisestärke zusammen sieben und nach und nach untermelieren. Bis zum Gebrauch abgedeckt zur Seite stellen.

Gefüllt gebackene Törtchen

Den Mandelmürbeteig (Seite 115) etwa 3 mm dick ausrollen und die Petits fours-Förmchen, runde und/oder Schiffchen, damit auslegen. In alle Förmchen mit einem Teelöffel auf den Boden Aprikosenkonfitüre nicht zu dünn aufstreichen. Anschließend alle Förmchen mit der Franchipanmasse (siehe oben) glatt einstreichen. Das geht am besten mit einem Tischmesser, indem man nach Einfüllen der Masse die Schneide leicht über den Formenrand gleiten läßt. Die zuviel eingefüllte Masse wird dabei abgestrichen. Die gefüllten Förmchen auf ein Backblech stellen und im vorgeheizten Ofen backen.

116

Backzeit   12–15 Minuten
Elektroherd   180 °C
Gasherd   Stufe 2
Heißluftherd 160 °C

Nach dem Backen die Gebäckteile noch warm aus den Förmchen herausnehmen und auf einem Kuchengitter voll auskühlen lassen. Sollte jemand Angst haben, sich dabei die Hände oder Finger zu verbrennen, muß er vor dem Einlegen des Mürbeteigs die Formen mit Butter fetten und mit Brösel ausstreuen. Dann lassen sich die gebackenen Teile auch nach dem Erkalten herausnehmen.
Sind die Gebäckstücke ausgekühlt, können die verschiedenen Petits fours fertiggestellt werden.

Die Herstellung der Marzipanscheiben

Zutaten
200 g Marzipanrohmasse
80 g Puderzucker

Zubereitung
Den Puderzucker auf eine Arbeitsfläche sieben und die Marzipanrohmasse in kleinen Stücken darauflegen. Alles zu einem Marzipan anwirken. Wird das Marzipan nicht sofort weiterverarbeitet, in Frischhaltefolie einschlagen, damit sich keine Haut bilden kann.
Ein Teil Marzipan hellgelb und ein Teil hellbraun einfärben. Etwa 2 mm dick auf Backpapier ausrollen und mit einem runden Ausstecher von 3 cm Durchmesser – oberer Rand der runden Backförmchen – Scheiben ausstechen. Mit einer Gabel Rillen eindrücken. Die Scheiben für die spätere Garnierung beiseite legen, nicht auf Vorrat fertigen. Sie werden schnell trocken und brechen dann.

Orangentörtchen
Foto Seite 118/119

2 cl Orangenlikör
200 g Buttercreme-Grundcreme (Seite 108)
30 gefüllt gebackene Törtchen (Seite 116)
Puderzucker zum Bestäuben
300 g Fondant, weiß, zum Glasieren
Halbbitter-Spritzschokolade und 30 Silber-Drageeperlen zum Garnieren

Den Orangenlikör unter die Buttercreme ziehen. Die Creme leicht gewölbt mit dem Messer auf die Törtchen streichen. Mit Puderzucker dünn bestäuben. Den Fondant auf knapp 30 °C erwärmen und mit dem Messer die Törtchen glasieren. Eine Spirale mit Spritzschokolade aufdressieren und eine Silber-Drageeperle in die Mitte setzen.

Franchipantörtchen
Foto Seite 118/119

30 g gefüllt gebackene Törtchen (Seite 116)
300 g Fondant, weiß, zum Glasieren
Vanille-Aroma, flüssig
Halbbitter-Spritzschokolade zum Garnieren

Den Fondant auf etwa 35 °C erwärmen, mit Vanille-Aroma abschmecken. Mit einem Messer die Oberfläche der Törtchen glasieren. Fest werden lassen. Mit Spritzschokolade eine Schlangenlinie aufdressieren.

Nougatschiffchen
Foto Seite 118/119

300 g Nougat
60 g Kakaobutter
30 gefüllt gebackene Schiffchen (Seite 116)
250 g Vollmilch-Kuvertüre
200 g Halbbitter-Kuvertüre
30 halbe hellbraune Marzipanscheiben

Den Nougat im Wasserbad erwärmen und mit der flüssigen Kakaobutter streichfähig rühren. Mit einem Messer die Nougatmasse in Dachform auf die Schiffchen streichen. Fest werden lassen. Die Vollmilch-Kuvertüre auf 29–31 °C temperieren und das Schiffchen zu ¾ überziehen, mit dem Messer aufstreichen. Dabei nicht zuviel streichen. Wer etwas Übung hat, schafft es auf jeder Seite mit 1 Strich. Sobald die Kuvertüre angezogen hat, mit der auf 31–33 °C temperierten Halbbitter-Kuvertüre das letzte Viertel überziehen und die halbe Marzipanscheibe auflegen.

Mokkatörtchen
Foto Seite 118/119

2 gehäufte TL Instant-Kaffee
2 cl Mokkalikör
300 g Buttercreme-Grundcreme (Seite 108)
30 gefüllt gebackene Törtchen (Seite 116)
300 g Halbbitter-Kuvertüre zum Überziehen
30 gelbe Marzipanscheiben (Seite 116)

Den Instant-Kaffee im Mokkalikör lösen und unter die Buttercreme ziehen. Mit einem Spritzbeutel und großer Lochtülle die Buttercreme gewölbt auf die Törtchen dressieren. Die Halbbitter-Kuvertüre auf 31–33 °C temperieren und die Törtchen bis zum Teigrand tauchen. Je 1 Marzipanscheibe auflegen.

Maraschinotörtchen
Foto Seite 118/119

2 cl Maraschino
200 g Buttercreme-Grundcreme (Seite 108)
30 gefüllt gebackene Törtchen (Seite 116)
Puderzucker zum Bestäuben
Überziehen und Garnieren
300 g Fondant, weiß, mit Maraschino aromatisiert
30 halbe gelbe Marzipanscheiben
Halbbitter-Spritzschokolade

Den Maraschino unter die Buttercreme ziehen. Mit einem Messer die Creme ganz leicht gewölbt auf die Törtchen streichen. Dünn mit Puderzucker bestäuben.
Den Fondant auf etwa 30 °C erwärmen und die Oberfläche der Törtchen damit glasieren. Trocken werden lassen und mit Spritzschokolade auf einer Hälfte der Törtchen 4 Striche ziehen. Auf der anderen Hälfte mit einem Tupfen Spritzschokolade die halbe Marzipanscheibe befestigen.

Schweizer Petits Fours mit Buttercreme-Füllungen

Walnußcreme-Törtchen
Foto Seite 106/107

120 g feingehackte Walnüsse
12 cl Mozart-Liqueur
750 g Buttercreme-Grundcreme (Seite 108)
30 blindgebackene Törtchen (Seite 115)
30 Marzipanscheiben (Seite 116) im Durchmesser der Törtchenoberfläche
80 g Kakaobutter
Überziehen und Garnieren
500 g Fondant, weiß
1 EL Kakaopulver, stark entölt
1 EL Instant-Kaffee
einige Tropfen Zuckerkulör
30 Walnußhälften, zur Hälfte mit Halbbitter-Kuvertüre überzogen

Walnüsse und Mozart-Liqueur unter die Buttercreme ziehen. Mit einem Messer in die Törtchen streichen. Die Füllung soll glatt mit dem Törtchenrand abschließen. Auf jedes Törtchen 1 Marzipanscheibe legen und leicht andrücken. Mit flüssiger Kakaobutter dünn bestreichen.
Den Fondant auf 35 °C erwärmen, Kakaopulver und Instant-Kaffee unterrühren und einige Tropfen Kulör zugeben, damit der Fondant eine Mokkafarbe bekommt. Anschließend mit einem Messer die Törtchen glasieren. Jeweils sofort eine Walnußhälfte auflegen.

Mandelcreme-Törtchen

Foto Seite 106/107

50 g Mandelnougat
750 g Buttercreme-Grundcreme (Seite 108)
120 g gemahlene geröstete Mandeln
30 blindgebackene Törtchen (Seite 115)
30 Marzipanscheiben (Seite 116) im Durchmesser der Törtchenoberfläche
80 g Kakaobutter
Überziehen und Garnieren
500 g Fondant
grüne Lebensmittelfarbe
200 g Halbbitter-Kuvertüre
Halbbitter-Spritzschokolade

Den Mandelnougat im Wasserbad weich werden lassen, 1–2 Eßlöffel Buttercreme unterrühren, sobald der Nougat vom Wasserbad genommen wird. Anschließend zusammen mit den Mandeln unter die restliche Buttercreme ziehen. Mit einem Messer in die Törtchen einstreichen. Die Füllung soll mit dem Törtchenrand abschließen. Auf jedes Törtchen 1 Marzipanscheibe legen. Mit flüssiger Kakaobutter dünn bestreichen.

Den Fondant auf 35 °C erwärmen und mit grüner Lebensmittelfarbe hellgrün einfärben. Eine Hälfte jedes Törtchens damit glasieren. Die Halbbitter-Kuvertüre auf 31–33 °C temperieren und damit die anderen Hälften bestreichen. Sobald die Glasuren fest geworden sind, mit Spritzschokolade auf die hellgrünen Hälften Punkte dressieren.

Kirschcreme-Törtchen

Foto Seite 106/107

9 cl Kirschwasser, 40 Vol.-%
750 g Buttercreme-Grundcreme (Seite 108)
60 g Aprikosenkonfitüre
30 blindgebackene Törtchen (Seite 115)
60 gut abgetropfte Sauerkirschen aus dem Glas
Puderzucker zum Bestäuben
Überziehen und Garnieren
500 g Fondant, weiß
Halbbitter-Spritzschokolade
30 Viertel kandierte rote Belegkirschen
30 halbe Pistazienkerne

Das Kirschwasser unter die Buttercreme ziehen. Jedes Törtchen mit Aprikosenkonfitüre dünn ausstreichen. Immer 2 Sauerkirschen in ein Törtchen legen. Die Buttercreme mit einem Messer glatt einstreichen. Die Füllung soll mit der Törtchenkante abschließen. Mit Puderzucker leicht bestäuben.

Den Fondant auf etwa 30 °C erwärmen. Die Törtchen mit einem Messer damit glasieren, fest werden lassen. Mit Spritzschokolade in der Mitte einen Strich dressieren. Auf jede Hälfte ein Kirschviertel und eine halbe Pistazie legen.

WIENER PETITS FOURS

Wiener und Schweizer Petits fours unterscheiden sich nicht wesentlich. Basis ist ebenfalls der Mandelmürbeteig (Seite 115). Die Füllungen werden jedoch grundsätzlich nicht mitgebacken. Außerdem werden in der Regel runde Backförmchen von 4–6 cm Durchmesser eingesetzt, von denen 30 Stück mindestens vorhanden sein sollten. Es lohnt sich, die blindgebackenen Förmchen auf Vorrat zu backen.

Neben dem Mandelmürbeteig werden die auf Seite 108 beschriebene Buttercreme-Grundcreme sowie eine Mandelmasse verwendet. Darüber hinaus müssen Marzipanscheiben (Seite 116) für die Törtchenoberfläche in vielen Rezepten vorbereitet werden.

Die Herstellung der Mandelmasse

Zutaten
200 g Marzipanrohmasse
100 g Fondant
100 g Puderzucker
80 g Butter

Zubereitung
Die Marzipanrohmasse mit dem Fondant, dem gesiebten Puderzucker und der Butter zu einer glatten Masse arbeiten. Weiter verarbeiten, wie in den Rezepten angegeben.

120

Williams-Petits fours
Foto Seite 122/123

80 g Aprikosenkonfitüre
30 blindgebackene Törtchen (Seite 115)
480 g Mandelmasse (Seite 120)
7 cl Williams Geist, 42 Vol.-%
Überziehen und Glasieren
500 g Fondant
rote Lebensmittelfarbe
Halbbitter-Spritzschokolade

Die Aprikosenkonfitüre in die Törtchen streichen. Die Mandelmasse mit dem Williams Geist streichfähig machen. Die Masse in die Törtchen streichen.

Den Fondant auf 35°C erwärmen und mit roter Lebensmittelfarbe rosa einfärben. Die Oberfläche der Törtchen damit glasieren, fest werden lassen. Mit der Spritzschokolade ein W aufdressieren.

Amaretto-Petits fours
Foto Seite 122/123

30 blindgebackene Törtchen (Seite 115)
100 g Kirschkonfitüre
480 g Mandelmasse (Seite 120)
8 cl Amaretto di Saronno
30 Marzipanscheiben im Durchmesser der Törtchenoberfläche (Seite 116)
80 g Kakaobutter
30 braune Mandeln
Überziehen
500 g Fondant
rote Lebensmittelfarbe

Auf die Böden der Törtchen die Kirschkonfitüre verteilen. Die Mandelmasse mit Amaretto aromatisieren und leicht gewölbt in die Törtchen streichen. Auf jedes Törtchen 1 Marzipanscheibe legen, leicht andrücken, mit flüssiger Kakaobutter dünn einstreichen. In die Mitte jedes Törtchens 1 braune Mandel leicht eindrücken.

Den Fondant auf 35°C erwärmen, mit roter Lebensmittelfarbe zart rosa einfärben. Die Törtchen überziehen.

Haselnußcreme-Petits fours
Foto Seite 122/123

480 g Mandelmasse (Seite 120)
6 cl Nußlikör
50 g geröstete gemahlene Haselnüsse
30 blindgebackene Törtchen (Seite 115)
30 Marzipanscheiben im Durchmesser der Törtchenoberfläche (Seite 116)
80 g Kakaobutter
Überziehen und Garnieren
250 g Fondant
250 g Halbbitter-Kuvertüre
30 geröstete Haselnüsse
Halbbitter-Spritzschokolade

Die Mandelmasse mit dem Nußlikör und den gemahlenen Nüssen streichfähig vermischen, eventuell Nußlikör nachgeben. Mit einem Messer die fertige Masse in die Törtchen streichen. Die Marzipanscheiben auflegen, diese mit flüssiger Kakaobutter dünn bestreichen.

Den Fondant auf 35°C erwärmen und die eine Hälfte jedes Törtchens damit glasieren. Die Kuvertüre auf 31–33°C temperieren und damit die andere Hälfte überziehen. Mit der Spritzschokolade jeweils eine Haselnuß auf die mit Fondant glasierte Seite des Törtchens setzen.

Pistaziencreme-Petits fours
Foto Seite 122/123

100 g Marzipanrohmasse
500 g Buttercreme-Grundcreme (Seite 108)
60 g gehackte Pistazien
4 cl Arrak
30 blindgebackene Törtchen (Seite 115)
Puderzucker zum Bestäuben
Überziehen und Garnieren
500 g Fondant
grüne Lebensmittelfarbe
Halbbitter-Spritzschokolade
30 halbe Pistazien

Die Marzipanrohmasse mit ein wenig Buttercreme und dem Arrak geschmeidig rühren und dann unter die restliche Buttercreme ziehen. Mit einem Messer die fertige Creme in die Törtchen streichen. Die Oberfläche soll mit dem Törtchenrand abschließen. Mit Puderzucker bestäuben.

Den Fondant auf 30°C erwärmen und mit der grünen Lebensmittelfarbe hellgrün einfärben. Die Törtchenoberfläche damit überziehen, fest werden lassen. Mit der Spritzschokolade in die Mitte der Törtchen einen Punkt dressieren, darauf eine halbe Pistazie legen.

121

Zitro-Petits fours
Foto Seite 122/123

100 g Zitronensirup
750 g Buttercreme-Grundcreme (Seite 108)
100 g Aprikosenkonfitüre
30 blindgebackene Törtchen (Seite 115)
Puderzucker zum Bestäuben
Überziehen und Garnieren
500 g Fondant
rote Lebensmittelfarbe
Halbbitter-Spritzschokolade

Den Zitronensirup unter die Buttercreme ziehen. Die Aprikosenkonfitüre auf die Böden der Törtchen verteilen, die Creme glatt einstreichen, dünn mit Puderzucker bestäuben.
Den Fondant auf 30 °C erwärmen. Mit roter Lebensmittelfarbe zart rosa einfärben. Die Törtchen überziehen, fest werden lassen. Mit Spritzschokolade ein C aufdressieren.

Mandel-Petits fours
Foto Seite 122/123

30 blindgebackene Törtchen (Seite 115)
120 g Johannisbeergelee
8 cl Cognac oder Weinbrand
60 g gemahlene Mandeln
480 g Mandelmasse (Seite 120)
Puderzucker zum Bestäuben
Überziehen und Garnieren
500 g Fondant
rote Lebensmittelfarbe
Halbbitter-Spritzschokolade
30 weiße Mandelhälften

Auf die Böden der Törtchen das Johannisbeergelee verteilen. Den Cognac und die gemahlenen Mandeln unter die Mandelmasse geben. Gut durcharbeiten, mit einem Messer glatt in die Törtchen streichen. Mit Puderzucker dünn bestäuben.
Den Fondant auf 30 °C erwärmen, mit der Lebensmittelfarbe zart rosa einfärben. Die Törtchen damit überziehen. In der Mitte jedes Törtchens eine Mandelhälfte mit Spritzschokolade befestigen.

Kirsch-Petits fours
Foto Seite 122/123

120 g kleingeschnittene kandierte rote Kirschen, 12 Stunden in Kirschwasser eingelegt
480 g Mandelmasse (Seite 120)
30 blindgebackene Törtchen (Seite 115)
30 halbe rote Belegkirschen
Überziehen und Garnieren
500 g Fondant
rote Lebensmittelfarbe
Halbbitter-Spritzschokolade
60 Angelikarauten

Die Kirschen unter die Mandelmasse geben. Sollte die Mandelmasse nicht genügend streichfähig sein, noch Kirschwasser dazugeben. Mit einem Messer leicht gewölbt in die Törtchen streichen. In die Mitte je eine halbe Belegkirsche eindrücken.
Den Fondant auf 35 °C erwärmen und mit der Lebensmittelfarbe zart rosa einfärben. Die Törtchen damit überziehen. Ein Kreuz mit der Spritzschokolade aufdressieren und je 2 Angelikarauten auflegen.

Rumfrüchtecreme-Petits fours
Foto Seite 122/123

250 g gut abgetropfte, kleingehackte Rumfrüchte
500 g Buttercreme-Grundcreme (Seite 108)
30 blindgebackene Törtchen (Seite 115)
30 Marzipanscheiben im Durchmesser der Törtchenoberfläche (Seite 116)
60 g Kakaobutter
Überziehen und Garnieren
500 g Fondant
rote Lebensmittelfarbe
Halbbitter-Spritzschokolade
Silber-Drageeperlen

Die gehackten Rumfrüchte unter die Buttercreme ziehen. Die Törtchen damit leicht gewölbt füllen. Die Marzipanscheiben auflegen, mit flüssiger Kakaobutter bestreichen.
Den Fondant auf 30 °C erwärmen. Mit der Lebensmittelfarbe zart rosa einfärben. Die Törtchen damit überziehen. Mit Spritzschokolade einen Punkt auf die Mitte der Törtchen dressieren und eine Silber-Drageeperle daraufsetzen.

Abflämmen Die Oberfläche eines Pralinenkörpers schnell überbacken, damit sie eine goldgelbe Farbe erhält, zum Beispiel beim Königsberger Marzipan.

Abschäumen Beim Kochen von Zuckerlösungen nur den Schmutzschaum mit einem Schaumlöffel abheben.

Absetzen Pralinen nach dem Überziehen mit Kuvertüre auf einer Folie, Backpapier oder einem Pralinen-Ablaufgitter absetzen. Petits fours nach dem Überziehen mit Fondantglasur auf Backpapier oder Kuchengitter absetzen.

Absterben oder Auskristallisieren Der Zucker kristallisiert nach dem Kochen aus, wenn er nicht restlos aufgelöst war oder beim Kochen sich Kristalle am Topfrand bilden konnten, die dann nicht abgewaschen wurden. Der Fondant wird dadurch trübe = stirbt ab, wird undurchsichtig und damit unansehnlich.

Anwirken Zusammenkneten (mit den Händen) von Zutaten zu einem Teig bzw. einer Masse.

Anziehen Das Festwerden von Fondantglasuren.

Aprikotieren Tee-Konfekt oder Petits fours werden mit heißer Aprikotur bestrichen, damit die danach aufgetragene Fondantglasur nicht abstirbt und länger ihren Glanz behält.

Aprikotur Aprikosenkonfitüre passieren und auf 105 °C bringen. Zum Aprikotieren dann lediglich erhitzen.

Blindbacken Auch Hohlbacken genannt. Petits fours-Backförmchen mit Mürbeteig oder Blätterteig auslegen, mit getrockneten Erbsen füllen und backen. Nach dem Backen die Erbsen entfernen. Die Törtchen nach dem Erkalten mit Cremes, Mandelmassen und anderem füllen.

Canache Canache ist eine Kuvertürecreme. Sie wird unter Verwendung von Halbbitter- und/oder Vollmilch-Kuvertüren sowie süßer Sahne hergestellt. Soll die Canache zarter ausfallen, setzt man ihr noch Butter zu. Canache wird für spritz- und schnittfähige Füllungen gebraucht.

Dressieren Mit Spritzbeutel und Tülle Canache-Massen auf Kuvertürebödelchen aufspritzen oder gebackene und gefüllte Petits fours ausgarnieren.

Garnieren Pralinen, Tee-Konfekt oder Petits fours zum Beispiel mit Spritzglasur, Mandeln, Nüssen, Zuckerblümchen, Schokoladenstreuseln und anderem schmücken.

Glasieren Pralinen, Petits fours oder Tee-Konfekt mit Fondantglasuren überziehen.

Kämmen Mit Kuvertüre überzogene Flächen, zum Beispiel Florentiner-Konfekt, kurz vor dem Erstarren mit einem Hornkamm profilieren.

Marinieren Ananas, Himbeeren, Kirschen, Sultaninen und andere Früchte, zum Teil klein geschnitten, in Alkohol einlegen und ziehen lassen. Werden für die Herstellung von Pralinen sowie Petits fours verwendet.

Maskieren Pralinen beim Überziehen nur bis zum oberen Rand in die Kuvertüre tauchen. Die Oberfläche bleibt frei von Kuvertüre.

Melieren Das gesiebte Mehl zum Beispiel unter eine Eiermasse mit einem Holzspatel unterheben, anschließend erst vorsichtig mit der Masse vermischen.

Oxidieren Das Oxidieren führt zum Ranzigwerden. Beispiel: Werden Canache-Massen durch zu starkes Rühren mit dem Schneebesen mit zuviel Sauerstoff angereichert, bewirkt dieser verstärkt das Oxidieren. Die Canache-Masse wird ranzig. Deshalb immer vorsichtig rühren, damit nicht zuviel Luft, sprich Sauerstoff, unter die Masse gerät.

Passieren Cremes oder Fondant durch ein Sieb streichen, damit sie eine glatte Beschaffenheit erhalten.

Platzen Pralinen aus Marzipan oder Canache müssen vor dem Überziehen mit Kuvertüre eine Haut gebildet haben, sonst platzt der Kuvertüreüberzug nach dem Erstarren durch Bildung von Hohlräumen. Diese entstehen beim Verhauten der genannten Massen durch Zusammenziehen und damit Kleinerwerden.

Stocken Erwärmte, noch nicht temperierte Kuvertüre durch Kaltrühren zum Festwerden bringen.

Tablieren Gekochten Zucker für Fondant auf einer Marmorplatte hin- und herbewegen, bis er eine cremige Beschaffenheit erhält.

Temperieren Kuvertüre erst auf 40/45 °C erwärmen, zum Stocken bringen und dann auf 29–33 °C (je nach Kuvertüresorte) bringen. So bekommt sie nach dem Überziehen einen matten Glanz.

Verhauten Cremes und Canache-Massen müssen nach der Verarbeitung eine Haut bekommen. Erst danach können sie zum Beispiel mit einem Überzug versehen werden.

 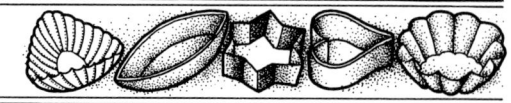

 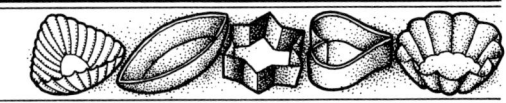

BEZUGSQUELLEN

Geräte und Formen

Aluausstellblech 25 × 40 × 2,5 cm Ausstecher	Haushaltwaren- geschäfte Gastronomie- bedarf Konditoren- Einkauf
Backbleche	
Kleine Backförm- chen für Petits fours	
Back- und Grillform Antihaft oder satiniert Hersteller KAISER	Haushaltwaren- geschäfte Fachabteilungen/ Kaufhäuser
Kuvertüre- Thermometer Hersteller KRUPS Versand erfolgt per Nachnahme, Preis incl. etwa DM 17,50	lieferbar nur direkt vom Hersteller Robert Krups Stiftung & Co. KG Kundendienst Postfach 19 04 60 5650 Solingen 19

Marmorplatte	Haushaltwaren- geschäfte Fachabteilungen/ Kaufhäuser
Pralinen- förmchen Pralinen- Abtropfgitter Pralinengabeln Hersteller KAISER	Haushaltwaren- geschäfte Fachabteilungen/ Kaufhäuser
Spritzbeutel und Tüllen	Haushaltwaren- geschäfte Fachabteilungen/ Kaufhäuser
Stanniolkapseln	Haushaltwaren- geschäfte Fachabteilungen/ Kaufhäuser
Zucker-Thermo- meter	Haushaltwaren- geschäfte Gastronomie- bedarf Konditoren- Einkauf

Zutaten

Agar-Agar in Pulverform	Apotheke/ Drogerie
Alkohol, **reiner**	Apotheke/ Drogerie
Fondant	Konditorei und Bäckerei
Gummiarabikum	Apotheke/ Drogerie
Glykosesirup	Feinkostgeschäfte Konditorei Bäckerei
Karion-F flüssig	Apotheke/ Drogerie
Kakaobutter	Feinkostgeschäfte Konditorei Bäckerei

Spirituosen, die in diesem Buch aufgeführt sind und in den Rezepten Verwendung finden, erhalten Sie in jedem Fall
in Feinkostgeschäften.